# Apresentações Clínicas

REVISÃO
Darlene V. Gáudio Ângelo.
Tânia Vanessa Nöthen Mascarello

EDITORAÇÃO ELETRÔNICA
Mariana Blanc

CAPA
José Izaías Venera

EDITOR RESPONSÁVEL
José Nazar

ORGANIZADORA
Tânia Vanessa Nöthen Mascarello



Rio de Janeiro, 2009.

FICHA CATALOGRÁFICA

H231A HARARI, ROBERTO

Apresentações clínicas / Roberto Harari; editor José Nazar. - Rio de Janeiro : Cia. de Freud, 2009.

ISBN 978-85-7724-072-2

1. Psicanálise. 2. Psicanalistas - Formação. I. Nazar, José. II. Título.

08-3984. CDD: 150.195

CDU: 159.964.2

06.08.09 17.08.09 014397

Companhia de Freud

editora

Endereço para Correspondência
Rua Barão de Sertório, 48 - casa
Tel.: (21) 2293-7166 • (21) 2293-9440
Rio Comprido - Rio de Janeiro
www.ciadefreud.com.br

Roberto Harari

# APRESENTAÇÕES CLÍNICAS

Editor
*José Nazar*

Companhia de Freud

# Sumário

# PRÓLOGO

A absoluta originalidade desse livro está em reunir, sob uma particular modalidade de apresentações clínicas, testemunhos de nossa práxis psicanalítica.

As instituições psicanalíticas que se fazem responsáveis pela formação de analistas, sustentam a presença do inconsciente no campo da extensão. Mas isso é possível a partir da psicanálise em intensão, quer dizer, do trabalho que se faz sobre o inconsciente em cada cura. A formação de analistas se dá então pelo cruzamento da psicanálise em intensão e em extensão[1]. Os testemunhos da presença do inconsciente, reunidos neste livro, foram colhidos na Maiêutica Florianópolis – Instituição Psicanalítica, mediante um produtivo artifício de trabalho. A modalidade de trabalho foi proposta por Roberto Harari, psicanalista convidado, responsável por essa atividade clínica na Instituição a partir de 2004. Harari desenvolve um trabalho sistemático de ensino e transmissão na Maiêutica Florianópolis desde 1986.[2]

Os procedimentos desse artifício tiveram origem na Mayéutica-Institución Psicoanalítica, de Buenos Aires, e estão sendo adotados, parcial ou totalmente, por várias instituições, membros de *Convergencia, Movimento Lacaniano para a Psicanálise Freudiana*, o que indica a pertinência de seus princípios. É importante salientar, contudo, que apesar desse procedimento estar se generalizando como artifício de trabalho intra-institucional, este livro é o primeiro em sua particularidade: o de compartilhar – com a comuni-

1 Os termos *intensão e extensão* preservam o significado de seu uso no campo psicanalítico. Psicanálise em intensão refere-se à análise pessoal e psicanálise em extenção refere-se ao ensino e transmissão da psicanálise na instituição psicanalítica e sua difusão nos demais segmentos da cultura.

2 Roberto Harari é Fundador (1977) e Membro Analista (MA) de Mayéutica – Institución Psicoanalítica, Buenos Aires, e desde 1984 é Presidente Honorário de Maiêutica Florianópolis – Instituição Psicanalítica.

dade de psicanalistas e com o público interessado em geral – o que, a partir dele, foi produzido.

Testemunhar a experiência do inconsciente indica uma passagem do campo privado ao campo público, colocando em questão a posição subjetiva do analista, ou seja, sua experiência enquanto analisante e os efeitos daí advindos. Do privado ao público, o analista é convocado a sair da solidão do consultório para com "outros institucionais" compartilhar questões que o interrogam, dando provas de seu "ser" analista, este "ser" analista que se prova no discurso. Assim, pensamos a função da instituição psicanalítica na formação permanente como o lugar apto a inventar artifícios que possibilitem ao analista diferentes lugares discursivos, sustentadores das diferenças. A instituição, indispensável à legitimação do lugar de analista, presta o suporte necessário para bordear o que a teoria não alcança dizer, o que da experiência clínica é impossível dizer.[3]

São conhecidas as propostas de Lacan sobre a formação de analistas, das quais cabe ressaltar dois pontos: a autorização do analista e as garantias de sua formação.

Na *Proposição de 09 de outubro* de *1967*, Lacan trabalha a questão da formação do analista, apresentando seus princípios: "O analista não se autoriza senão por si mesmo".[4] Esta afirmação lacaniana vai muito além da simples inovação de uma experiência histórica. É letra que se faz ato, com valor testamentário para o movimento psicanalítico. É corte com os standards firmados da análise didática, controlada burocraticamente pela aplicação de uma bula universalizante. Para dizer se uma análise é didática, somente o saberemos no tempo diferido de um depois. O efeito de uma análise é gerar um analista, em qualquer análise que o tenha sido, pois trata-se de mudança subjetiva.

A afirmação sobre a autorização do analista gerou e ainda gera incompreensão. Poderíamos dizer que além de sua análise pessoal, um analista é analista porque tem analisantes. Mas temos que sublinhar que para um analista sustentar-se neste lugar é necessário trabalhar com outros analis-

3 Maiêutica Florianópolis – Instituição Psicanalítica. Programa de Formação em Psicanálise. 2005.

4 LACAN, J. "Proposição de 9 de outubro de 1967 sobre o psicanalista da Escola". In: *Outros Escritos*. Rio de Janeiro: Jorge Zahar, 2003, p. 248.

tas, para não cair no já mencionado defeito profissional de nossa práxis – o refúgio narcísico da solidão. Assim, o fantasma de autogeração é varrido, dando lugar à instituição. Sete anos depois de sua *Proposição*, no transcurso do *Seminário 21*, chamado *Les non-dupes errent*, ditado em 1973/1974, Lacan vê a necessidade de uma retificação, fazendo um acréscimo à fórmula inicial: "O analista não se autoriza senão por si mesmo e por alguns outros". Quais são esses alguns outros? São os analistas da própria instituição.[5]

O analista autorizar-se por si mesmo, "não exclui", diz Lacan, "que um analista surge de sua formação... Fica estabelecido pois, que a escola pode garantir a relação do analista com a formação que ela ( a instituição) dispensa. Pode, e enfim deve". É no âmbito da instituição que o analisante advém analista, duplicando os princípios de sua formação com a passagem para o público, o privado de uma análise. Esse é o lugar da instituição, lugar onde o analista tem que dar provas permanentes da sua formação. Possibilitar aí que a transmissão da psicanálise ocupe o centro da cena.

Cada instituição lacaniana poderia dar suas razões fundamentadas sobre o como trabalhar as questões visadas por Lacan, que podem ser expressas pelo seguinte: como uma análise revelou-se didática, isto é, como teve valor de formação? Como se dá a passagem para a práxis? Ou ainda, como fazer passar para o âmbito da instituição elementos que são privados e singulares de cada caso, para fazer, assim, avançar a psicanálise?

Hoje, sem perseguir o impossível de repetir o modelo de escola idealizado por Lacan, muitas instituições praticam distintas e novas modalidades do que podemos denominar mostração da clínica. "Mostração" e não demonstração. Esta última implicaria dar conta de uma teoria já estabelecida em que cairíamos novamente num modelo standard. Enquanto que a mostração coloca em ato a função do analista, tornando possíveis as relações entre os termos *práxis* e formação do analista. Trabalhar com os equívocos, formações do inconsciente, formações do analista. Testemunho em ato, na instituição, com seu trabalho, visto que de sua análise não há como testemunhar, a não ser *a posteriori* de haver praticado.

Na *Ato de Fundação* de sua Escola, em 1964, Lacan diz que: "O ensino da psicanálise não pode transmitir-se de um sujeito a outro, senão pelas vias

---

5 LACAN, J., Seminário 21, *Les non-dupes errent*, Classe de 09/04/74. Inédito.

de uma transferência de trabalho"[6]. É esta que possibilita escutar além do saber referencial, suportando os efeitos do escutado. Uma experiência institucionalizada e compartilhada com outros a partir dos testemunhos. Os laços daí resultantes são efeitos de transferência de trabalho, que se diversificam e propulsionam o trabalho institucional e individual. Deste modo, a Instituição mantém sua trajetória vital enraizada nos fundamentos da transferência à psicanálise em intensão e em extensão.

Na Maiêutica Florianópolis – Instituição Psicanalítica, procuramos fazer atividades que permitam esse testemunho. Uma delas é precisamente a "Apresentação Clínica", em que a apresentação de um caso clínico, sem apoio escrito, é dirigida pelo apresentador a um psicanalista da Instituição e, frente a um determinado público que, sem conhecimento prévio, ao final, realiza uma interlocução. Aquele que apresentou o material clínico não intervém mais, permanecendo como ouvinte.

É importante dizer que esse artifício representa uma procura dos psicanalistas de ir além e de avançar com relação aos procedimentos mais clássicos ou tradicionais de trabalhar a clínica e que envolviam papéis e preparo. A antecipação, que é própria do imaginário, e o escrito, que é sempre possível refazer, complementar e consultar a teoria, não reproduzem, nem minimamente, o que é requerido do analista em sua práxis.

O falante, ocupante do lugar de analista apresentador, traz o material clínico e não fala mais, para que o exercício fique restringido – beneficamente – ao que foi apresentado durante determinado tempo, também limitado. Assim, não lhe são mais dirigidas perguntas, no sentido de cortar o imaginário efeito de estrutura que busca preencher os brancos, as lacunas, aquilo que "ele não falou". Não fosse assim, o exercício clínico ficaria infertilizado em função da procura da "completude" do comunicado.

O testemunho em ato, sem o auxílio de registros escritos ou de conhecimento prévio, tem como objetivo aproximar o máximo possível da situação analítica, abrindo espaço para a surpresa, para o inesperado, para a ausência de teorizações preparadas. Não é um "ateneu clínico" à maneira médica, senão que a experiência é desafiante para quem apresenta e para o analista comentarista, que não tem idéia do caso. Essa espontaneidade faz laço com o

6 LACAN, J., *"Ato de Fundação* da Escola Freudiana de Paris". (1964). In: *Outros Escritos*. Rio de Janeiro: Jorge Zahar, 2003, p. 242.

que acontece na sessão analítica, em que não é possível saber o que vai acontecer. Além disso, os registros, os papéis, são acompanhantes contra-fóbicos tanto de um como de outro. Surge aí o singular e o inovador de cada apresentação e a aprendizagem que é assim possibilitada, tanto para quem vive a experiência quanto para o leitor do livro.

Trata-se, então, de colocar em ato um artifício que possibilite bordear o que há de impossível na transmissão, através da intersecção do saber teórico, que é não-todo, com o dar conta ante outros do que se passa na clínica. A permanente flutuação entre o saber referencial e a associação livre, o caráter lacunar do discurso, os pontos de indecidibilidade distintivos da práxis psicanalítica, possibilita aos analistas abordar o saber-fazer com a transferência. Sem o imaginário auxílio do preparo prévio e abrindo mão de um saber "egrégio", mas através da interlocução das "leituras", das "escutas", da multiplicidade de vozes – o que não quer dizer que vale tudo[7] -, busca-se dar testemunho da experiência do inconsciente, dando lugar, assim, à mostração da práxis na instituição.

Foi com muita satisfação que, a convite de Roberto Harari, aceitei a tarefa de organizar este livro que agora chega a você leitor. O trabalho realizado com a participação direta de membros da Maiêutica Florianópolis mereceu valorização especial, pois apresenta os princípios da formação permanente praticados na Instituição. Participaram das transcrições das gravações das Apresentações Clínicas, Inezinha Brandão Lied, Carlos Augusto Remor, Maurício Eugênio Maliska e Rosane Mendonça. Para incorporar ao texto os grafos e fórmulas lacanianas, contei com a valiosa colaboração de Carlos Augusto Remor. A revisão idiomática foi realizada por Roziliane Oesterreich Freitas, mantendo a coloquialidade da linguagem falada pelos envolvidos na experiência, sacrificando o estilo e a elegância da linguagem escrita. A estes estimados colegas, meu agradecimento.

Por ser um artifício de trabalho estendido a todos os que se inscrevem no Programa de Formação da Maiêutica, os testemunhos vieram tanto de membros com maior experiência clínica como também, e principalmente, de Adjuntos e Participantes que dão seus primeiros passos na formação psicanalítica. Um a um, dando provas dos distintos momentos pelos quais atravessa

7 HARARI, R., *Polifonías. Del arte en psicoanálisis*. Barcelona: Ediciones del Serbal, 1998, p. 65.

sua formação, se privilegia o tempo e o estilo de cada analista, sempre singulares.

Na transmissão da psicanálise, sabemos, temos que considerar a singularidade em jogo e suas implicações, e não é sem dificuldades que bordeamos o real da experiência do inconsciente, o que implica "suportar um sem modelo, ou no mínimo, muitas faces na transmissão. Deparamo-nos com uma falta no saber-fazer psicanalítico. Mas há um saber a ser colhido na experiência".[8] Contar com a escuta de Roberto Harari nas apresentações clínicas que compõem este livro, foi um privilégio. Operando conforme o "paradigma indiciário", do qual Freud foi um de seus notáveis gestores, Harari trabalha com indícios, traços, eventuais ausências, enganos ou exclusões da observação, lapsos, equívocos, formulando e instigando a formulação de respostas hipotéticas, conjeturas, escutas inventivas para os enigmas que a clínica psicanalítica apresenta. No campo rotulado por Lacan como próprio da conjetura, "Porque a exatidão se distingue da verdade, e a conjetura não exclui o rigor",[9] Roberto Harari brindou-nos com seu rigor, sua experiência clínica e sua ética.

As Apresentações Clínicas aqui reunidas foram realizadas no período de março de 2005 a janeiro de 2008 por: Carlos Augusto Remor, Alberto Philippi May, Jeanine Alexandre Fialho, Melânia Brustolin Horst, Andréa Serra de Alvarenga, Roberta Costa Mateus Peixoto, Erikson Kaszubowski, Claudemir Pedroso Flores, Maria Guilhermina C. Acioli, Rosane Maria dos Santos Mendonça, Sissi Diva Lanner, Cláudio de Souza Limeira.

Resta somente agradecer ao autor por ter-me confiado a função de organizadora desse livro, que, estou certa, também será apreciado por você leitor.

*Tânia Nöthen Mascarello*

*Florianópolis, janeiro de 2009.*

---

8 MASCARELLO, T. *Dimensões do transmissível*. Jornadas Brasileiras de Convergência "O que quer uma análise?". Salvador. Maio 2002

9 LACAN, J. "Função e campo da fala e da linguagem em psicanálise". In: *Escritos*. Rio de Janeiro: Jorge Zahar, 1998, p. 287.

# APRESENTAÇÃO CLÍNICA 1

X[10]: É uma moça com vinte e quatro anos. Sua família nuclear é composta pelo pai, mãe, um irmão mais velho e um filho homem, de três anos. Com exceção do pai, todos moram na mesma casa. Atualmente os pais estão separados. Separaram-se porque o pai é alcoolista. Na época em que começou a beber, envolver-se com jogos e com prostitutas, segundo ela, acabou arruinando toda a família. O pai é um advogado falido. O irmão, apesar de ser bastante jovem, é um advogado bem sucedido. Ele já é juiz. Ela é estudante de advocacia.

Quem encaminhou esta paciente para mim foi um psiquiatra com quem trabalho.

R.H: Fez entrevista com ele?

X: Não, só tenho um relacionamento profissional com ele e por isso me encaminhou. Por que ele me encaminhou? Este psiquiatra tem uma clínica de internação e esta paciente passou um período internada. Eu entrei em contato com a família e quem vem para a primeira entrevista é o irmão.

R.H: Por que com a família?

X: Porque eles entraram em contato comigo e deixaram o telefone e o irmão já assumiu logo de início, ele quis marcar a primeira entrevista e veio sozinho. Ele conta o que aconteceu com a irmã, que vou trazer resumidamente, porque eu não quero me ater muito às palavras dele, pois vou contar a versão dela.

Nesta primeira entrevista ele diz que uma semana antes dessa crise dela, que aconteceu há um ano - ela está em tratamento comigo há um ano...

R.H: Nesta clínica?

X: Não.

---

10 N.da Org.: Nas Apresentações Clínicas que compõem este livro, o apresentador do caso clínico será representado pela letra "X", e Roberto Harari pelas letras "R.H". A letra "P" aparecerá antecedendo as perguntas dos participantes.

R.H: Esta clínica faz atendimentos ou só internações?

X: Somente internações. Este irmão conta que uma semana antes de acontecer esta crise ela começou a ficar muito deprimida, bem isolada, deixou de ir para a faculdade e começou a ficar dentro de casa. Depois de uma semana sem dormir, eles resolveram fazer uma consulta com um psiquiatra. Foram para essa consulta para solicitar uma avaliação e pensaram que iriam fazer a avaliação e retornar para casa. Esta primeira avaliação foi feita em uma clínica de Florianópolis. Acho que foram a essa consulta o irmão, ela e a mãe, e o psiquiatra fez a internação naquele momento mesmo.

Até então, o que eles disseram era que este quadro era um quadro depressivo. Esta era a forma como eles descreviam o quadro. Ela estava isolada, não conversava muito com as pessoas, deixou de dormir, não tomava banho. A partir do momento que a moça entra nesta primeira clínica – ela ficou por três dias nesta clínica – ela faz uma crise bem importante, porque segundo a descrição deles, ela começa a ter o que ela nunca teve. Ela começa a ter alucinações auditivas e, investigando um pouco, ela realmente ouvia vozes femininas e masculinas que vinham de cima. Ela descreve bem detalhadamente. Ela tinha alucinações visuais – isto dentro desta clínica em que ela ficou durante três dias.

R.H: Qual era o conteúdo das vozes, o que diziam?

X: As vozes a perseguiam e queriam matá-la. As alucinações visuais eram homens encapuzados, com machados que também a perseguiam. Em um dos dias, destes três que ela ficou lá, ela não sabe especificar muito bem o que aconteceu, mas deu a entender que estava tentando se agredir e foi contida.

Depois destes três dias, o irmão foi visitá-la, ele já estava preocupado porque não era intenção da família interná-la nesta clínica que não era muito bem vista em Florianópolis. Ele já havia entrado em contato com outro psiquiatra, esse que depois me encaminhou a paciente e, quando o irmão foi buscá-la após estes três dias, ficou chocado com o que viu e tirou a irmã de lá e a levou para esta segunda clínica.

R.H: O que ele viu que ficou chocado?

X: Ele viu a irmã totalmente desfigurada, enlouquecida. Ele diz que era uma louca, que não era a irmã que ele tinha deixado ali. Então eles a tiram de lá, sempre o irmão assumindo a situação, e a levam para esta outra clínica.

A partir do momento em que ela chega nesta segunda clínica é feita a avaliação do psiquiatra - ele avaliou como um caso de histeria, apesar das alucinações e depois de poucas horas nesta segunda clínica, os sintomas desapareceram e não apareceram mais.

R.H: Também ficou internada nesta clínica?

X: Ficou internada nesta segunda clínica umas duas semanas. Ela foi medicada só com antidepressivo e com medicação para dormir. Os sintomas desapareceram, ela reagiu muito bem com a dinâmica da clínica, saiu da clínica e iniciou o trabalho comigo. Então o irmão descreve isto na primeira entrevista.

Ela vem – faz um ano que iniciou o tratamento – e nos primeiros meses descrevia muito o sofrimento que passou naquela primeira clínica. Então, a primeira clínica foi tudo de ruim que existe no mundo e a segunda clínica foi tudo de bom. Ela fala muito desta primeira internação, o quanto ela sofreu, fala bastante destas visões, alucinações.

R.H: Lembrava muito bem das alucinações?

X: Lembrava, ela descrevia. Ficou várias sessões, nos primeiros meses, falando muito sobre isto. Eu fiz algumas perguntas para investigar. Mas o que chama atenção é que ela falava muito deste período de internação, o quanto tudo era péssimo numa, e tudo maravilhoso na outra. Num segundo momento do trabalho comigo ela começou a falar sobre o filho e é uma questão que ela traz até hoje e começa a contar a história dela.

Até os seis anos de idade era uma família perfeita. O pai era um homem bem sucedido que se dedicava à família, os pais como casal, os irmãos, a família tinha uma casa luxuosa, sempre com muita fartura de comida, de dinheiro, era uma família perfeita. Mas, a partir do momento que o pai começa a jogar, a beber e se envolver com prostitutas, a mãe se separa e aí a desgraça começa a aparecer na vida dela. O pai retorna num segundo momento e separam novamente. Então ela começa a falar do segundo momento, no primeiro momento onde tudo era maravilhoso e no outro onde tudo era cindido.

Ela conta a versão dela, de como aconteceu esta crise. Ela tem vinte e quatro anos, aos vinte anos engravidou e teve um filho – o pai da criança era seu namorado há mais ou menos dois anos. Conta que teve uma depressão pós-parto. Mas durou pouco tempo, depois retornou.

R.H: Então foi depressão pós-parto?

X: Ela não queria ter contato com o filho, ficou bastante isolada. Ela disse que foi um momento de isolamento, ficou bastante isolada do filho, das pessoas, de todas as atividades e aos poucos foi melhorando. Passou o primeiro ano do filho, o segundo ano, e ela iniciou a explicar porque entrou em crise agora, quando aconteceram estas internações. Começou a ficar muito preocupada porque o filho não queria ir para a escola e ela estava se sentindo totalmente impotente diante disso e começou a ficar muito preocupada por não dar conta dessa situação e passou a não dormir, contando, então, a mesma versão do irmão. Ela conta que amava o pai e depois que os pais se separaram, começou a odiá-lo por causa de toda esta desgraça da família.

R.H: Tem contato agora com o pai?

X: Ultimamente tem um pouco mais, mas é pouco contato. Conta que após a separação ela "grudou" na mãe de tal forma que dormia na cama da mãe. A primeira separação dos pais aconteceu quando ela tinha seis anos, a mãe se separou do pai e ela foi para a cama da mãe, o pai voltou e ela saiu, a mãe se separou de novo, ela voltou e ficou na cama da mãe até o bebê nascer, mais ou menos até os vinte anos.

Ela conta que era muito ligada com a mãe, que ficava desesperada quando a mãe saia, quando a mãe se separava dela. Conta que no período da gravidez ela dormiu na cama da mãe e até então a mãe é a pessoa mais importante da vida dela, é a pessoa que ela mais ama. Quando o filho nasce, esse amor que ela sentia pela mãe foi transferido para o filho. Ele passa a ser muito importante, só que ela começa a ficar muito insegura com o seu papel de mãe e quem assume este lugar é a mãe dela. Então quem desempenha toda a função materna daquela criança que acabou de nascer é a mãe dela. A mãe dela é a mãe dela e do filho dela e a única questão que ela traz, que ela se questiona bastante, é sobre o seu papel. Ela tem muitas dúvidas: será que meu filho me ama? Por quê? Porque agora ela está conseguindo fazer um corte com esta criança, está conseguindo, não sei se resgatar, porque ela nunca teve, mas está conseguindo construir uma relação de mãe e filho com ele, está colocando a avó no lugar da avó. Parece-me que está criando este lugar. O menino agora tem o quarto dele, ela tem o quarto dela. Está suportando isto, no início ela tinha muito ciúme da avó. Ele foi viajar com a avó e ela estava muito preocupada. Atualmente ela vem comparando muito com a história dela: eu amava a minha mãe e como prova deste amor eu ficava grudada com ela e será que ele me ama? Ela contou um fato - "As aulas iniciaram, eu levei meu filho ao colégio, e antes era muito difícil para ele ficar, e para a minha surpresa ele chegou e disse: tá mãe, tchau pode ir, eu te levo até o portão." Pegou a mão da mãe levou até o portão, fechou o portão e disse "tchau mãe". Ela ficou muito intrigada com aquilo "porque, então, meu filho não me ama."

R.H: Como é contigo?

X: Acho que ela tem um bom vínculo com o tratamento, está bem vinculada. Há essa armadilha que eu já percebi, o quanto ela busca em mim esta referência do que é ser mãe. E é neste lugar que eu acho que ela me coloca.

R.H: Que tu sabes como é ser mãe?

X: Sim.

R.H: A receita para ser mãe. Fala da sexualidade?

X: O pai do filho, que é o namorado dela, não é bem visto pela família, porque eles têm um nível cultural bem elevado e o namorado não tem. Tem uma história que o namorado também a trai e com freqüência eles estão se separando porque ela descobriu que ele está com outra mulher, uma outra garota, são muitas idas e vindas. Ela é uma moça muito bonita, de nível, delicada, diz o irmão. Ele está sempre tentando arranjar outro namorado para ela porque aquele não serve. E com relação à sexualidade, é num ou noutro momento que fala, ela pouco diz; talvez porque ela não deita, eu trabalho com ela sentada, ela fica bem vermelha, tem dificuldade para falar deste assunto, não traz este assunto. Atualmente ela e o namorado estão separados. Tem um motivo, ela descobriu que ele sai com outra garota e estão separados. É o período mais longo de separação deles.

R.H: Já teve várias separações?

X: Várias, muitas idas e vindas durante os anos que estão juntos. Ele mora na casa dele com a família e ela na casa dela. Já tentaram a experiência de morar junto, mas não deu certo, mas tem alguns projetos.

R.H: Morando na casa dela?

X: Já passaram por esta experiência. A criança tem pouco contato com o pai.

R.H: Não tem outro homem no momento em que estão separados, ela procura algum outro?

X: Não. Ela sai com as amigas, tem saído para se divertir, mas não se interessa por ninguém. Ela não tem ninguém. Ele foi a primeira pessoa com quem ela teve relação sexual. O que eu ia falar anteriormente e que me chama a atenção, é que no final do ano passado, numa aula de psicopatologia, ela acabou contando a história da internação dela e para a minha surpresa sem o menor constrangimento. Ela não teve constrangimento nenhum, ela não se preocupou em expor este lado que tem certo preconceito. Eu achei este ponto marcante. Ela se expôs muito, tanto que ocupou a aula toda falando da internação dela, só não das alucinações, mas toda a internação, o que aconteceu.

Ela acha a experiência muito produtiva porque naquela sala "ninguém viveu o que eu vivi, então ninguém entende de psicopatologia como eu."

R.H: Já estava em análise contigo?

X: Já.

R.H: Ela antecipou isto que ia à aula de psicopatologia, que ia falar? Como surgiu isto?

X: Foi numa aula, o professor trouxe o tema e ela se identificou com o tema, acho que o professor jogou para a sala sobre o que estavam pensando naquele momento e ela contou a história dela.

## COMENTÁRIOS DE ROBERTO HARARI

R.H: É muito interessante o ponto que a analista traz no início, que é a questão do diagnóstico diferencial, se era uma depressão ou se era uma histeria. Estas são as duas propostas em jogo. Interrompi neste momento da apresentação da analista, nisto que acontece em toda a análise e se poderia chamar de *acting-out* produtivo, em que se gera, se monta, esta cena. Ela começa a falar impudicamente, aparentemente sem vergonha da questão da internação, mais isto vem depois que a analista disse de como ela ficava vermelha em falar do sexo. Quer dizer que aqui temos uma indicação para pensar numa histeria, a questão histriônica de se posicionar diante de um público e de falar de maneira "desavergonhada", mas com recalque. Quando tem que falar do sexo propriamente, é uma mulher que tem uma sexualidade pobre, muito escassa, um só homem, com muitas idas e vindas, não parece algo demasiado importante o sexo no sentido genital, no sentido de sua feminilidade, pelo menos.

Como o psiquiatra da segunda internação, podemos pensar que foi uma crise histérica, que se confundiu na primeira internação com uma possível iatrogenia que se gerou naquela clínica. É uma possibilidade para se pensar o que aconteceu.

Interessante o lugar que dá à figura do pai, que Lacan chamaria de o pai humilhado[11], que efetivamente começa sendo o pai ideal, além da realidade em jogo, importando pouco isto, e depois cai. Caindo de uma maneira radical, caindo diretamente fora da casa, ficando expulso, não sustentando o seu lugar como Nome-do-Pai. Aparentemente o irmão releva, faz a substituição do pai e este é o ponto que me preocupou: a primeira consulta não foi feita por ela. Ou seja, ela foi trazida para a clínica. Isto geralmente acontece com a psicose. Na psicose o sujeito não tem uma idéia da enfermidade, não sofre; ela não pode pegar o telefone e pedir ajuda. Esta mulher fica no lugar de uma patologia de limite, não só pela questão das vozes, pois evidentemente que há alucinações histéricas. Isso não decide exatamente onde nós podemos colocá-la. Mas, em todo caso, temos os dados de como fica atrapalhada em função do desejo da mãe e este Nome-do-Pai fraco, humilhado, como diz Lacan. Como acontece, é quase retirado literalmente da mitologia, que o pai não conseguiu fazer o corte entre a mãe e a filha, mas isto é geral.[12] O que acontece efetivamente neste caso? Penso que é possível ver a pureza de um fantasma muito comum, que é a filha ter um filho com a sua mãe, como uma versão da maternidade. Mas podemos ver a diferença de conduta entre esta mulher e uma mulher que tem um filho e que poderíamos dizer: *Ah! que bom, seguiu o caminho da feminilidade!* Neste caso, porém, se vamos para o fantasma, os atos dizem que o filho foi concebido entre as duas. Além de quem foi a mãe ou o pai, há uma questão prévia, que é a questão da indiferenciação. As duas, então, têm este filho e aí se entende também a sua depressão pós-puerperal. Alguma coisa se quebrou. O que se quebrou? Estamos falando do falo. O seu lugar fálico com a mãe foi apenas deslocado para este filho que ocupou este

---

11 LACAN, J. *O mito individual do neurótico*. Lisboa: Almirante & Alvim, 1987, p. 72-3.

12 LACAN, J. "Os três tempos do Édipo". In: *Seminário 5. As formações do inconsciente*. Rio de Janeiro: Jorge Zahar, 1999, p. 185-203.

lugar, e por isso a sua decepção quando o filho disse tchau no colégio. Este era o ponto aparentemente da crise, que o filho não conseguia sair da casa.

Vê-se como a questão dos espaços é muito importante aqui: entrar e sair dos espaços e, também, por exemplo, a maneira como este namorado é trazido para a própria casa. Em geral, na exogamia, como disse Lévi-Strauss[13], a função do pai é colocar a filha na troca, para que consiga sair de casa. Se isto fracassa é o inverso, não dá a filha para um homem, senão que dá um homem para a sua família. Entendem? Esta é uma maneira de colocar um homem como uma saída desesperada, como uma suplência do pai, este namorado, que é também um pai fracassado, também humilhado, que tem pouco contato com seu filho. Enfim, os pais fracassam. Aqui está em jogo a onipotência materna. Na onipotência materna, o preço que tem que pagar é se colocar como complemento da mãe e com essa mãe fazer uma unidade.

O ponto interessante que eu escuto como possibilidade sobre o que pode acontecer nesta análise, é que ela "exige" não falar do sexo e assim toda a questão pode se manter – o ponto é como se sustentará isso. Poderia ser introduzido um fator tão irritativo que é falar de sexo, sem que isto seja para ela uma violação? Acho que este é o fantasma. Para muitas histéricas, quando se introduz de maneira torpe o sexo, surge o fantasma de violação, de ir além de seus limites. Os limites são os de uma mulher que diz que não gosta de ser tocada diretamente. Esta maneira de se manter não tocada por ninguém além da mãe – porque esta é a maneira de ficar grudada com a mãe – o adulto que tocava alguma coisa na pele dela era a mãe, o tato da mãe. Na análise, então, como colocar alguma questão sexual? Ir além do pacto que ela está se propondo este ano, pode ser prematuro. O tato – e não é por acaso a homonímia da palavra – pode ser que efetivamente o tato da analista consista em não tocar nela, neste sentido sexual. Tocar outras coisas, cruciais, mas não no que ainda ela pede que não seja tocado.

Esta é a questão do que acontece na transferência que permite falar mais especificamente da histeria. É uma mulher quase uma freira. Aparentemente fora do mundo, e só entra desta maneira histriônica no mundo. Foi muito importante este *acting-out* na aula de psicopatologia. Este também é um ponto muito histérico de dizer que "estão falando de mim". Reconheceu-se nisto que estavam dizendo na aula e começou a se colocar no que estavam dizendo,

13 LÉVI-STRAUSS, C. *Estruturas elementares de parentesco*. São Paulo:Edusp, 1976.

como falo. Ela complementava o que estavam dizendo quando falavam dela. Temos aqui outra questão da estrutura para se pensar em uma histeria. A maneira de se autopropor como falo para a aula, para o professor, enfim para todos, sem vergonha. Que quero dizer com isto? Que há possibilidade de que este recalque seja efetivamente levantado, agora, com este deslocamento.

Outro ponto interessante foi quando perguntei à analista como era com ela – e a minha pergunta foi deliberadamente ambígua e foi proveitosa a ambigüidade – ela me diz do bom vínculo com o tratamento. A pergunta foi por ela, pela analista e não pelo tratamento, mas está muito bem, nesta resposta nós vemos esta abstração chamada tratamento. É como muitos dizem, por exemplo, quando voltam das férias e dizem que tiveram saudades da análise. O que é a análise? É uma abstração. Estava dizendo sem dizer que se trata do vínculo com o analista. Aí tem uma maneira fóbica de se movimentar, de estabelecer este relacionamento que era com o tratamento e não com a analista. Falou o tratamento. Aparentemente diz a mesma coisa, mas não é de maneira nenhuma a mesma coisa se diz análise, tratamento ou terapia, não importa, pois o que diz não vai diretamente para a pessoa em jogo, que é a pessoa da analista. Aqui está também a transferência detida pelo recalque. Saiu uma formação substitutiva, dizendo que ela tem um bom vínculo com o tratamento.

Podemos dizer mais coisas, mas agora prefiro o diálogo com vocês.

P: Você usou a palavra histriônico?

R.H: É histriônico, teatral; colocou-se representando uma situação em que ela falou, aparentemente, de uma obra teatral. Ela representava para os espectadores.

P: Ela era a única que sabia.

R.H: O que colocas está muito bem e tu me ajudas nisto, sobre o ponto habitual da megalomania do fantasma: "Ninguém sabe o que é isto! Isso só acontece comigo." Muitos neuróticos quando falam do fantasma, acham que é a coisa mais louca, perversa, incrível. Temos estas idéias de loucuras em jogo no fantasma: "Com certeza você nunca escutou uma coisa assim!" Refiro-me ao fantasma comum, que não tem a necessidade de se realizar diretamente na realidade. A confissão do fantasma geralmente começa por esta referência: com a idéia de que ninguém pode dizer uma coisa assim, que pode ser uma "imbecilidade", ao modo de "Uma criança é espancada". Freud sublinhou que uma pessoa diz isto com muita dificuldade, estando já avançada a análise, porque acha que é terrível como consegue chegar ao orgasmo tendo esta imaginação "fantasmática" de que uma criança é espancada[14]. Vê-se que como conteúdo parece realmente uma imbecilidade, mas aí está a vida sexual em jogo e é também uma condição inexorável para o orgasmo. Daí então o pecaminoso do fantasma. Ela diz algo mais ou menos assim; é de outra maneira que isso aparece, mas está a idéia de que ninguém sabe o que é isto, ninguém dos outros.

P: Eu estava pensando neste aspecto das alucinações nesta clínica que tem a fama de ser um lugar para loucos e na segunda clínica não. Penso no fato dela ser histérica estando neste lugar para loucos, quase como naquela posição de que faz o que o mestre manda, se coloca neste lugar e ela entra de corpo e alma nisto...

R.H: Está muito bem, só acrescentaria que depois o amo fica nu, porque não é que faz o que o amo diz, senão que depois é uma merda, uma porcaria, a pior de todas; caiu então o amo.

P: Nesse segundo momento tão importante, nesta aula há alguma coisa além do fantasma, me parece.

R.H: Sim, aparentemente está mais como um núcleo sublimatório. Tem aprendizagem em cena, era numa disciplina, era mostração de um conteúdo falicizado, de se falicizar ela própria. "Aqui vocês têm o que vocês requerem", sendo ela o falo que complementa os ouvintes.

P: Ela tem o saber.

R.H: Exatamente: "eu sei o que é isto". Podemos abordar também este ponto falando de como está a atribuição do saber na análise. Pareceria que ela procura da analista uma normalização, em função de que a feminilidade está deslocada para a maternidade, para como ser boa mãe. Está bem, mas como mulher não tem nada que ver. Está quase fazendo um salto. Dar o semblante de boa mãe e por aí conseguir isso, essa normalização. Mas a questão é como isto pode ser curado, se ela não fala do sexo, nem tem sexo, praticamente. Estávamos falando dessa escassez da vida sexual dela, que não tem vontade. Podemos dizer isso também destas brigas com o namorado, de como conse-

---

14 FREUD, S. "Uma criança é espancada. Uma contribuição ao estudo das perversões sexuais". In: *Obras Completas de Sigmund Freud.* Edição Standard Brasileira. Rio de Janeiro: Imago, 1976. Vol. XVII, p. 225.

gue afastá-lo. Afastar o único homem que tem a possibilidade de se articular com ela como mulher.

P: Nesta idéia que você colocou que ela iria buscar um saber de como é ser mãe, acha que poderia escamotear a questão do que é ser mulher?

R.H: Exatamente. Não aparece a "outra mulher", como a figura que Lacan coloca na histeria. Aparece esta outra do namorado, mas pareceria que o namorado, como diz a analista, estaria entre as duas. E ela sabe que há esta outra mulher, mas parece que não fica numa posição de disjunção dizendo "a outra ou eu", senão que também, de alguma maneira arma o fantasma na transferência e coloca que a mulher tem um saber que ela não tem: "o que é ser mulher" e esta outra mulher tem a fórmula. Mas esta questão aparece cômo se a outra mulher tivesse a fórmula de como é ser mãe. Ponto importante para a clínica. Muitas vezes aparecem mulheres que têm dificuldades para engravidar e, ingenuamente, de maneira manifesta, dizem que têm muita vontade de que isso aconteça, mas que não conseguem. Este empurrar para o filho, muitas vezes, como tu dizes, a prova indiscutível de sua feminilidade. Mas por que este empurrar? Porque também as dificuldades em engravidar estão indicando que este ingresso na feminilidade pela via da maternidade não é fácil. Este fechamento é a falicização do corpo próprio, que não deixa gerar um filho. Ou, melhor dito, que não deixa que um homem seja pai do filho dela. Para completar, a questão do Nome-do-Pai sempre terceirizado, para não dizer que é ela com o filho.

P: O Nome-do-Pai não está em ato ali no "tchau mãe", agora acabou, é tu para lá e eu para cá? Ele teve uma articulação com o Nome-do-Pai. E para ela também, embora ela reclame, não quer dizer que é só para ele, embora saia da boca dele. A autoridade da mãe pode ser discutível neste sentido.

R.H: Estava pensando mais em como suporta mal um homem como pai de um filho dela nesta articulação que seria a da feminilidade em função do Nome-do-Pai, de fazer pai. É uma função, tens razão, que tem a função de corte, mas também de fazer pai. Este sujeito, o namorado, é fraco. O pai dela é um alcoólatra, um advogado fracassado, tudo isso. São estas as imagens do pai. Todos fracos, todos humilhados, não têm os brasões do pai. Tem o irmão, a presença do irmão, que detém este lugar de fala, que se apresenta na entrevista, que a leva. Era neste sentido que pensava.

Podemos nos remeter a um clássico dos primórdios da psicanálise, a discussão de Malinowski com Jones15. Malinowski contestava a universalidade do Édipo freudiano com o que ele chamava de grupo tribal familiar matrilinear, quando estão em convívio a mulher com seu filho e o irmão da mulher, e o pai reprodutor ou somente genitor, sai. Jones contesta isso dizendo que o Édipo nada tem que ver com o pai biológico. Pode se fazer o Édipo com o irmão da mãe. Nós podemos fazer esta hipótese. Este irmão pode ter este lugar agora, é bem sucedido, não é fraco, toma iniciativa.

P: Ele começou a análise dela ...

P: Ele quer dar para a irmã um namorado melhor ...

R.H: Era isto o que dizíamos: procurar ceder a mulher para a exogamia, para que saia da casa. Mas, podemos dizer, como muitas vezes acontece na clínica, que não é um jogo de troca de objetos, porque aqui está a questão do desejo que é fraco. Então você coloca um homem com bom nível intelectual, boa situação econômica, tudo isto, e como Lacan diz no *Seminário 14, A Lógica do Fantasma*[16], podes dizer que esta mulher é indicada para este homem e este homem indicado para esta mulher, mas com que autoridade você pode dizer isto? São pré-juízos ideológicos e a crença de que se encaixam bem. Na ingenuidade do irmão, está bem, tem boas intenções, procura os homens indicados. Eu leria aqui a importância do desejo de procurar tirar a irmã de casa, levar para algum outro lugar. Pode ser para a clínica, pode ser procurando outro homem. Há uma procura da exogamia, que é a função do pai: enviar a filha para fora, no bom sentido, dar para outro homem, quebrando assim o mito edípico.

P: E o efeito disso, de como funciona este limite ...

P: Por isso a criança conseguiu dizer tchau.....

R.H: Pode ser; a tua pergunta tem alguma condição de substituição mas, de que substituição se trata? Seria metafórica? Estamos falando de uma falha da metáfora, parece, então, mais de suplência que de substituição. Porque, neste sentido da metáfora, um homem é substituto do pai, mas aqui está reparando uma falha, e neste sentido digo suplência, como Lacan

---

15 MALINOWSKI, B. *Sexo e repressão na sociedade selvagem*. Petrópolis: Vozes, 1973, p. 125-47.

16 LACAN, J. *Séminaire "La logique du fantasme"*, 14, classe de 10/5/1967, versão M. Chollet, inédita.

desenvolve no *Seminário 23, O Sinthoma*[17]. A suplência é procurar fazer uma costura de algo que fica solto, neste sentido este irmão não seria um substituto. Propõe-se não como objeto, este é o ponto que Lacan ressalta, por exemplo, em Freud, que não foi bem sucedida a análise com a jovem homossexual, porque não se tratava de troca de objetos. Também, em muitas ocasiões, os analisantes nos perguntam pelo "nosso saber": este homem é para mim? Esta mulher está bem, corresponde, encaixamos? Como se nós tivéssemos o segredo do desejo. Eu chamo isto de fuga para a realidade, não da realidade e sim para a realidade[18], para a realidade do objeto, que é mais apreensível que o desejo. Mas nesta mulher, o que é fraco é o desejo. E também está assim colocado na análise, no segredo a respeito do sexo. É um segredo dela e como procura que isto não exista na sua vida. Existe por dois lados, como acontece na histeria: não onde tem que acontecer, mas noutro sentido, parece que tudo fica sexualizado, tem que acontecer, mas não genitalizado.

P: O segredo está aí como algo que ainda não está constituído .....

R.H: Geralmente, no desenvolvimento da análise aparece algum questionamento, que nunca acontece de maneira ingênua, mas para entendermos aqui, neste exercício clínico, seria como dizer: "o que acontece com minha sexualidade? Não é normal o que acontece". Ninguém vai falar assim. Estou dizendo que isto seria o esperado que aparecesse como problemática na análise. Dito de outra forma, então isto não seria um mistério, um segredo, um enigma. Nesta mulher está absolutamente como caracteriopatizado, "esta mulher é assim". É neste sentido que podemos entender os traços caractéricos: é isolada, não fala muito, não sai. O normal é ter que ser estimulada com objetos supletórios. Seria o que Lacan toma bem de Wilhelm Reich[19], que dizia que um traço caractérico, na melhor das possibilidades, teria que ser transformado em sintoma para poder produzir sua análise. Aí tem que ser construído o sintoma. Nós sabemos desse sintoma, ela não. Não é um segredo, pois aparece, mas ela não fala nele. Para nós, o sujeito fala do seu sintoma. É uma coisa que não funciona no real; isto é assim, isto não fun-

17 LACAN, J. *Seminário 23. O Sinthoma*. Rio de Janeiro: Jorge Zahar, 2007, p. 123.

18 HARARI, R. *El sujeto descentrado. Una presentación del psicoanálisis*. Buenos Aires: Lumen, Colección Tercer Milenio, 2008.

19 WILHELM, R. *Análise do Caráter.* São Paulo: Martins Fontes, 1995.

ciona nela, aí está o recalque, pode viver tranquilamente com isto. Tudo está deslocado numa outra cena. As brigas com o namorado, o ir e voltar. Mas isto não é o pano de fundo do assunto que é trazido para a análise.

# APRESENTAÇÃO CLÍNICA 2

X: Eu vou falar sobre uma criança, a quem vou dar o nome fictício de Lucas. É uma criança de nove anos e meio e que está em análise há dois anos e meio, mais ou menos. Como esta criança foi até o consultório? Eu trabalho em uma clínica junto com uma equipe: uma fisioterapeuta, uma fonoaudióloga, que atendem também pacientes neurológicos. Então, esta criança sofreu um traumatismo de crânio e foi para a clínica fazer fisioterapia. Depois foi encaminhado para mim.

Como foi o acidente? O acidente ocorreu quando ele estava brincando e a mãe estava com uma amiga na sala do apartamento desta amiga. As crianças brincavam no quarto, Lucas, a irmã e a filha da amiga da mãe. No quarto em que estavam brincando havia dois beliches e uma janela. As crianças estavam pulando de um beliche ao outro e nesse pula-pula Lucas voou pela janela. Quando isto aconteceu a irmã foi chamar a mãe que estava na sala, gritando: "Mãe, mãe, corre que o Lucas caiu." A mãe prontamente foi até o quarto e quando lá chegou imaginou que ele estaria no chão, que havia machucado a perna ou qualquer coisa assim. A mãe conta e vivencia a situação: que a cortina balançava e a janela estava aberta, e que neste momento ela desmaiou e a amiga chama uma ambulância, um socorro, que vem em poucos minutos. Ela fala que o desmaio durou alguns segundos, porque logo lembra de estar descendo as escadas do prédio para vê-lo, e que o socorro também chegou muito rápido e logo o Lucas foi encaminhado ao hospital infantil.

Esta criança ficou cinqüenta e dois dias na UTI (Unidade de Tratamento Intensivo desse hospital). Teve um ferimento grande no cérebro e ficou com algumas seqüelas, principalmente em um lado do corpo. Ele ficou com hemiplegia, num lado do corpo tem mais dificuldade do que no outro. Foi assim que ela chegou na clínica procurando pela fisioterapia.

R.H: Teve algum problema com a linguagem?

X: Não, hoje ele está muito bem fisicamente, fala muito bem e não tem nenhuma questão quanto a isto. Quando ele chegou na clínica, logo que iniciou as sessões de fisioterapia, a mãe falou para a fisioterapeuta que também gostaria que ele tivesse um atendimento psicológico, "porque agora não tinha mais por onde fugir", disse ela. E quando ela vem para a primeira sessão, para a primeira entrevista comigo, ela fala que estava indo por dois motivos; primeiro porque ela achava que a fisioterapeuta não iria conseguir trabalhar com ele porque ele estava chorão e se recusava a fazer algumas coisas, tinha muito medo, e segundo, porque não dava mais para esperar o atendimento psicológico.

Nas entrevistas ela começa a me falar um pouquinho da história. Diz que o Lucas sempre foi uma criança diferente dos outros filhos, sempre foi muito levado, muito agitado, e não atendia os limites colocados, embora ela saiba que é muito difícil para ela colocar alguns limites, ela tem muita dificuldade neste sentido, mas que ele não atende a nada e sempre fazia as coisas da forma dele, do jeito dele e sublinha: ele é muito parecido com o pai, igual ao pai. Ela fala: "ele é o pai todo".

Como é que este homem funciona na vida dela? Eles já estavam separados há um ano antes do acidente. Ela tem dois filhos com ele, uma menina mais nova, irmã do Lucas, a que foi chamar a mãe no dia do acidente, e tem dois filhos mais velhos do primeiro relacionamento dela, que moram todos juntos.

Ela fala que o ex-marido é uma pessoa muito difícil, muito pessimista, que enquanto o Lucas estava na UTI ele falava que o filho iria morrer, que não tinha chance nenhuma. Diz que o ex-marido é muito maluco e só faz as coisas do jeito dele, não respeita ninguém e aí ela me fala assim: "você deve estar pensando porque eu me casei com ele, não é? Mas eu não vou te contar porque eu casei e sim porque me separei. Quando a minha filha menor tinha cinco anos eu descobri que ele tinha um outro filho com uma outra pessoa e essa criança tinha a idade da minha filha. Então, aí não dava mais, era muita falta de respeito".

R.H: Como foi feita esta descoberta?

X: Na realidade eu não sei muito bem; só sei que eles trabalhavam juntos, a mãe dessa outra criança e o pai tinham um trabalho em comum. Mas, como ela fez esta descoberta eu não sei. Inclusive esta outra criança mora em outro estado, a criança e a mãe.

R.H: Agora?

X: Sempre. O pai viaja bastante a trabalho, eles têm um trabalho envolvido com algumas ONGs. Atualmente eles não trabalham mais juntos, mas trabalharam muito tempo, inclusive durante a separação.

Quando o Lucas iniciou os atendimentos era uma criança bastante agitada e já estava andando. Inicialmente ele não andava, mas com a fisioterapia ele recuperou a marcha, então ele já andava, com alguma dificuldade, mas andava e ele fazia muitos questionamentos para mim, assim: "se eu quebrar os teus brinquedos o que você faz? Se eu não fizer o que você está falando, o que você faz? Se eu rasgar as folhas que você me deu para desenhar, o que você faz?" Fazia sempre questionamentos desse tipo, embora ele nunca tenha feito nada daquilo. Ele sempre teve um comportamento adequado ali. Ele chorava, dependendo da forma que a gente conversava, ele chorava, falava em ir embora, mas nunca saiu da sala. Então, de alguma forma ele atendia algumas questões da análise.

R.H: Quais?

X: Por exemplo, quando ele chegou, eu falei para ele que a gente tinha um espaço ali. Que nós iríamos conversar, que ele não estava indo lá só para brincar, que nós iríamos conversar sobre algumas coisas que tinham acontecido e muitas vezes ele literalmente sentava na poltrona e falava. Ele não chegava e pedia brinquedos. Ele geralmente chegava, sentava na poltrona e falava muito sobre o que tinha feito, de como estavam as coisas e geralmente falando que as pessoas eram gordas, que as pessoas eram feias, que as pessoas eram tontas. Uma vez ele me questionou muito se era maluco e quando eu falei para ele...

R.H: Quais são as pessoas?

X: Pessoas que geralmente não são parentes, nem pai e mãe, mas pessoas que ele via em algum lugar. Quando ia num lugar, por exemplo, e tinha uma pessoa muito gorda, ele queria rir dela. Dizia que aquela pessoa era feia. Que ele viu uma pessoa que era muito feia, e que tinha um nariz grande. Ele sempre pontuava algumas questões físicas e quando ele falou de maluco, ele me perguntou se existiam pessoas malucas. Aí eu falei para ele: "você está preocupado com isto?" Então imediatamente, e eu me lembro muito porque foi há um ano atrás, ele chorou muito e falou para mim: "eu não sou maluco, eu não sou maluco!" Ele mesmo faz muitas associações com o pai. Ele fala que ele parece com o pai, mas quase não vê o pai. Realmente ele tem pouco contato com o pai. Geralmente, a cada vinte dias o pai pega as crianças, passa o dia com elas, não dormem na casa dele e as leva de volta para a casa da mãe. Ele está comigo há dois anos e meio e como é que foi o retorno dele para a escola?

R.H: Uma vez por semana?

X: Duas vezes por semana. Eu tenho dois encontros com a mãe também, duas vezes ao mês.

R.H: Por quê?

X: Porque ela nunca foi para a análise. Desde o primeiro momento eu a encaminhei para a análise, mas ela não foi. Nós conversamos bastante sobre o Lucas nesses encontros, embora eu também ache que faço um outro papel com ela e que é uma coisa que eu me questiono. Acho que os encontros comigo dificultou a ida dela à análise.

Antes do acidente ele tinha iniciado a primeira série. Ele freqüentou três meses a primeira série e, segundo a mãe, já estava difícil. Ele não estava participando na escola, não estava aprendendo, estava muito difícil. Após o acidente ele retornou a escola e ficou bem, teve algumas dificuldades, mas ficou bem. A mãe fala: "parece que o acidente veio para melhorar a vida dele e agora as pessoas entendem o que eu falava dele, e ele provocou o acidente porque ele não para quieto, ele é muito agitado. Por que ele caiu e as outras crianças não caíram? Porque ele já era diferente". E faz muita comparação: "ele é igual ao pai. Ele tem as mesmas características do pai"

R.H: Na sua teoria ele caiu pela agitação, é isto?

X: Ela diz que o comportamento que ele apresenta hoje não tem nada de diferente do que ele já apresentava. Ele é muito irritado, tem alguns tiques, bate a mão durante a sessão.

R.H: Ele diz por que faz isto?

X: Eu já perguntei para ele: "por que está batendo a mão?" Porque eu gosto, porque é bom! Ele tinha inicialmente algumas manias com os dedos. Ele ficava apertando os dedos e hoje isso cessou. Isto não acontece mais e ele também falava porque é bom, porque ele gosta e geralmente acontecia quando eu pontuava alguma coisa para ele: se estava difícil, como era isso, se ele podia falar mais sobre aquilo. Nestes momentos batia a mão ou apertava os dedos.

R.H: O que falava quando sentava na poltrona?

X: Ele fala da escola e geralmente conta o que ele não fez. Ele fala assim: "hoje fui para a escola e a professora passou uma tarefa e eu não fiz. Eu não fiz, daí todo mundo foi para o pátio, para a quadra e eu não fui". Ele geralmente pontua o que ele não fez. Atualmente isto vem mudando um pouco. Ele chega e fala para mim assim: "ontem eu fui na escola e me comportei muito bem. Eu estava nota dez!" Pergunto: O que é nota dez? Ele responde: "A professora falou que quem se comporta bem é nota dez." Pergunto: Mas a gente precisa ser dez? Então ele fala: "Precisa, precisa ser dez. Todo mundo fala pra mim que eu sou dez, só você que não. Só você que nunca falou que eu fui dez".

R.H: Quem é todo mundo?

X: A mãe, a fisioterapeuta que, quando ele acerta dizem: parabéns, você foi dez! As pessoas que estão com ele. E ele cobra isto: eu fui nota dez, eu estava bem? Ele fala muito isto.

R.H: Ele não tem dez anos, não?

X: Não tem dez anos.

R.H: Quanto falta para o aniversário?

X: Em março é o aniversário dele.

R.H: Em que mês foi o acidente?

X: O acidente foi em abril de 2003.

Sobre o relacionamento dele com a irmã mais nova, segundo a mãe, é bom. Ele gosta muito de ficar com a irmã, ele a solicita, gosta muito de fazer as coisas com ela, desde que seja a brincadeira dele, da forma dele e dentro do que ele estabelece. Ele gosta muito de brincar de boneca com ela. Quando ela fala: "Vamos brincar de outra coisa!" Ele diz: "Não, primeiro de boneca!" Então, se primeiro ela brinca de boneca, depois ele até faz alguma outra coisa que ela queira. Eles brincam de desenhar, ele faz o desenho e ela pinta. Sempre é ela quem pinta o desenho.

Lucas tem algumas rotinas. Ele chega da escola e fala para a mãe: "Mãe vou ser o primeiro a tomar banho!" E se isto não acontece, ele fica muito desorganizado. É muito difícil quando a mãe lhe diz: "Quem vai primeiro hoje é a tua irmã!". Isto é muito difícil para ele. Em sessão eu não sinto desta forma. Por exemplo, quando ele solicita um brinquedo ou alguma coisa e eu falo: Lucas, primeiro nós vamos fazer isto! E ele faz. Algumas vezes ele fala:

"Mas nós também vamos fazer aquilo!", e eu respondo: "A gente pode, mas primeiro isto?" E prontamente ele atende. Nunca teve um episódio de se negar a fazer alguma coisa.

R.H: Fica apavorado, quando tu diz que primeiro vamos fazer outra coisa?

X: Não, não noto pavor.

R.H: Por que tu dizes que primeiro vamos fazer outra coisa?

X: Porque às vezes ele chega e fala para mim: "Hoje eu quero jogar tal coisa!" Eu falo que primeiro vamos sentar para conversar um pouco. Porque é mais ou menos assim que funciona a sessão, e ele aceita prontamente, sem problemas. Inclusive já teve alguns atendimentos em que ele ficou falando o tempo todo e depois pediu para desenhar. Ele gosta muito de desenhar. O brinquedo nunca foi algo essencial. Pelo menos me parece que não.

Acho importante falar dos desenhos dele. Inicialmente ele fazia desenhos cortados. Ele pegava a folha e fazia um risco no meio da folha e geralmente na metade de cima desenhava uma família ou uma pessoa, e embaixo um animal bem feio que estava tentando pegar esta pessoa. Ou era um dragão, ou era um dinossauro. Sempre essa pessoa estava em uma situação de risco. Inicialmente ele também me dizia uma coisa interessante, que ele era igual ao homem aranha, e por isto que ele pulou do prédio, porque ele era igual ao homem aranha. Uma vez ele chegou ao consultório, eu o cumprimentei: Oi Lucas! – e ele falou: "O meu nome não é Lucas. O meu nome é homem aranha." Eu falei: Ah! Você é o homem aranha? Ele disse: "É, hoje vou ser o homem aranha!". Foi uma sessão bem interessante em que ele falou do que ele sabia, que ele era inteligente, que todo mundo na escola era burro e que ele é que sabia fazer as coisas. Foi uma marca bem significativa.

R.H: Tu também estavas nestas pessoas burras?

X: Não, eu aparecia muito nos desenhos. Ele me desenhava, e geralmente desenhava as pessoas com olho só, com uma boca ou um olho, ou sem uma parte dos membros. Era geralmente esta forma que ele compunha as figuras. Ele desenhava a mãe com as pernas bem abertas e gorda, porque ela é um pouco obesa. Não, ela é um pouco gorda. Geralmente ele desenhava assim e, na sessão da última semana, falou: "Eu quero fazer um desenho de ti!" e me desenhou sentada numa poltrona e ele na outra, e um quadro que tem na sala. Era um quadro do qual ele falava muito: "Um dia eu vou entrar dentro deste quadro. Um dia eu quero entrar dentro deste quadro!" Eu lhe disse: "Mas porque tu queres entrar dentro deste quadro?" –"Ah! Porque deve ser bom viver lá. Tem um rio, tem árvores, deve ser gostoso viver lá!". Ele falava muito isto.

R.H: Como é o quadro, o que é que tem?

X: O quadro tem uma paisagem. Tem uma árvore, um riozinho. Na escola, ultimamente (...)

R.H: Desculpa, ele também está no desenho?

X: Sim, ele está sentado na outra cadeira.

R.H: E como está ele?

X: Um de frente para o outro.

R.H: É o único desenho em que ele está? Tem mais alguém?

X: Não. No início ele se desenhou e durante este tempo de análise ele também se desenhou. Primeiro ele se desenhava bastante desfigurado. Também com um olho só. Uma vez ele se desenhou e riscou todo o desenho. Hoje ele se desenhou com dois olhos. Ainda aquele ser humano falido, mas se desenhou sentado.

A mãe, nestes dois anos, faz uma busca muito grande por um diagnóstico. Ela já falou que ele tem transtorno bipolar. Que é um hiperativo. Atualmente ele faz uso de medicação para a hiperatividade. Ela foi ao neurologista e ele lhe disse que Lucas é hiperativo.

R.H: O neurologista deu medicação?

X: Deu medicação e ela falou para mim: "Você já devia saber disso e não me falou que ele era hiperativo!".

R.H: Bipolar, para ela?

X: Bipolar não. Quando teve o diagnóstico da hiperatividade ela não falou mais do bipolar, mas ela fala: "Claro que ele é hiperativo, porque ele é igualzinho ao pai. O pai é hiperativo!" então quando era bipolar, o pai era bipolar, agora hiperativo, ele é hiperativo. Uma coisa que eu acho importante é que o filho mais velho – ela tem dois filhos mais velhos do primeiro casamento – foi embora da casa, mais ou menos há seis meses. Ele é universitário, mora aqui na cidade, mas foi morar com uns amigos. Atualmente na casa só tem o Lucas de homem. Tem ela, a filha mais velha e a filha mais nova.

R.H: Ela disse alguma coisa nestas entrevistas que tem de quinze em quinze dias contigo?

X: Do filho?

R.H: Não, do primeiro marido.

X: Não, do primeiro marido ela fala muito bem. Fala que o primeiro marido era uma pessoa muito boa, que ajuda ela. Bem diferente do pai do Lucas. Ela fala também que o pai dela nunca gostou muito de menino. Que o pai dela sempre gostou muito da filha e hoje ele gosta das netas, por isto quando o Lucas vai passar férias com o avô é muito difícil porque o avô não suporta ficar com ele.

Ela também não se relaciona com ninguém atualmente. Ela diz para mim: "Nem penso nisso, nem penso nisso!"

R.H: Não penso nisso o quê?

X: "Não penso em me relacionar com ninguém, não quero isso agora. Nem estou pensando nisso!"- é o que ela diz. Teve um episódio no qual ela estava conversando com um amigo – quando ela foi buscar as crianças na escola – e o filho dele falou assim: "A mamãe vai ficar com ciúmes", e ela disse: "Não, não vai ficar com ciúmes, você está conversando com a tia..." (e disse o nome dela). Neste momento ela se pergunta: será que as pessoas agora estão achando que ela virou tia, porque o que o ela quis mostrar para o menino é que não precisava ter ciúmes dela, porque agora ela virou tia. Ela chora quando diz isto. E ela diz: "Realmente nem estou pensando nisso, eu não quero saber disso" e fala muito do ex-marido, pai de Lucas. Fala bastante dele, que ele deveria saber, que ela deveria contar para ele da hiperatividade do filho para que ele possa também se tratar. Falar-lhe que acha que o outro filho dele também é hiperativo. Ela faz esta associação e que deveria ligar para a mãe do menino para ela procurar um médico para tratar a hiperatividade.

R.H: Um neurologista?

X: Um neurologista. Quando ela me contou esta questão do filho mais velho ter saído de casa, ela me falou assim: "Saiu, não é. Nesta idade eles são jovens. Eles não querem ficar dentro de casa. Ah! esses homens!" Quando fala do filho, diz: Ah! Esses homens!

## COMENTÁRIOS DE ROBERTO HARARI

R.H: Lacan diz no Seminário da Angústia[20] que cair através da janela é exatamente um exemplo de defenestração, e isto vem da *finestra,* de janela, esse cair diretamente de corpo inteiro através da janela. No mesmo Seminário, utiliza as teorias sexuais como uma maneira de explicar o suicídio. Entende-se que aqui estamos falando de um menino de risco. Não um risco neurológico, mas neste sentido de outro tipo de risco. É uma outra associação, não é qualquer coisa a janela. Lacan também toma, por exemplo, a janela do sonho do Homem dos Lobos[21], que (se) olha através da janela, e nesta sagacidade que tem Lacan, diz que se trata da janela do fantasma[22]. Que todo o fantasma está colocado como se fosse numa janela, onde o sujeito pode ficar como que olhando para esta janela que está no quadro ou perfurar a lei da janela, como no caso do Lucas. É interessante esta oscilação, esta pendulação[23], porque no início a analista está dizendo de um avanço da análise e agora ele quer entrar no quadro. Como diz Lacan, aí temos que colocar estas duas cenas: a da defenestração e a outra do alvo de entrar diretamente no quadro. A maneira como está dizendo que quer entrar nesse quadro, é uma mensagem para a analista. A questão do desenho importa mais que o brinquedo, na medida em que os desenhos também são uma maneira de mostrar o que acontece com o seu fantasma. O ponto decisivo é o seu fantasma. Aqui não temos ocasião de trabalhar isso, mas somente fazer considerações de pontas fantasmáticas. Vou ver se consigo dizer para vocês alguma letra.

Devemos começar com a mãe que diretamente faz comida dos homens, que engole os homens, na medida em que é quase obesa. Temos dúvida se é gorda ou obesa, mas podemos dizer que esses homens são todos iguais. Parece um posicionamento histérico, mas vai um pouco além disso, pela maneira

---

20 LACAN, J. *Seminário 10. A angústia.* Rio de Janeiro: Jorge Zahar, 2005.

21 FREUD, S. "História de uma neurose infantil". In: *Obras Completas de Sigmund Freud.* Edição Standard Brasileira. Rio de Janeiro: Imago, 1976. Vol. XVII.

22 LACAN, J. *Seminário 10. A angústia.* Rio de Janeiro: Jorge Zahar, 2005, p. 85.

23 HARARI, R. "Caída de um querer". In: *Discorrer a psicanálise.* Porto Alegre: Artes Médicas, 1987, p. 160-71.

dela de rejeitar os homens, dois laços quebrados. É uma forma de renegação muito forte.

O segundo marido tem um lar paralelo que ela não sabe como se inteirou disso, mas há uma renegação forte em jogo, em não saber o que acontecia. Uma mulher que disso não quer falar, e nisto que não fala, então, come. Evidentemente parece uma mulher na oralidade, que não fala do sexo, então, fica dessexualizada genitalmente, e a atividade sexual é a oralidade, é a de comer. Ela não é comida – vamos jogar com o equívoco do termo – o que está em jogo é que ela não é comida. Se não é comida, come. Então está colocada no fantasma de comer, desta forma. E os homens são rejeitados. Dois homens rejeitados enquanto maridos.

E este jovem que vai ter que sair, o filho que vai morar, estudar, em outra casa, é assim a vida agora, mas parece que sai o mais rápido possível. Tem alguma coisa de insuportabilidade nessa mulher, com relação ao seu encontro com o símbolo fálico chamado pênis. "Os homens são todos iguais", ela diz. Nós podemos colocar aí a pergunta fundamental: Lucas seria um filho não desejável para ela, não desejado? Pode ser. O que acontece também nessa espécie de transitivismo entre ela e Lucas? Os dois parecem cair. Ela cai no seu desmaio, além da ingenuidade de se supor que se trata de uma emoção forte o suficiente para provocar um desmaio, mas o que acontece é que ela cai como cai o filho.

Alguma queda está em jogo aí. Podemos pensar também que esta agitação do filho seria a sua maneira de se fazer um espaço para viver? Esta inquietação estaria marcando um espaço próprio? Que é muito difícil marcar um espaço com esta mãe? A analista também passa esta dificuldade de encaminhar a mãe, na medida em que ela também não deixa o espaço próprio do filho, um espaço terapêutico que fica também invadido. Não sabemos se ajuda ou não, mas isso é outra questão. Estamos falando como se afigura a cena terapêutica em que a mãe tem entrevistas, podemos dizer freqüentes, de quinze em quinze dias, que seria uma freqüência importante para ela.

Fica uma transferência complicada porque evidentemente procura o neurologista. Fica esta sutil desqualificação da analista, de que não é a palavra dela. A questão aqui é sempre a questão médica em jogo. Esta situação tem que ser modificada por esta via. É quase como uma teoria entre a genética e a neurologia. Ele é igual ao pai, é todo igual ao pai. Não se parece com o pai, senão que é o pai. Evidentemente que não é uma psicose. É evidente que não é o pai, mas este intento de marcar a semelhança tão forte com o pai vem como uma rejeição comum para com os dois. Não é nem com o ex-marido, nem com o menino, mas insiste que tem a ver com a notação fálica. Podemos ver que é uma mulher muito precária na sua maneira de sustentar os laços com os homens e suportar a diferença dos sexos; neste sentido a comida é um sexo. Esta é outra vantagem de levar a coisa para a comida: está sempre pronta, não tem que sair, não tem que falar do trabalho que dá ficar com os homens e suportar um homem. Por isto a questão da comida. Neste sentido, esta agitação do menino, quase poderia dizer que é uma agitação paradoxalmente saudável - a saúde enquanto sintoma. O fato é que alguma coisa está se dizendo neste sintoma. Este é o paradoxo a respeito da medicina. Para falarmos em sintoma no sentido psicanalítico do termo, é quase dizer que promovemos a saída do desejo em função da "suspensão" do sintoma. Por exemplo, a mãe quer silenciar isto através do neurologista, pela via da neurologia. Colocar diretamente aí um silenciador. Fazer silêncio a respeito desta agitação que para ela é o sintoma.

Há um outro ponto interessante para marcar e que nesse caso penso que pode ser um ponto polêmico, de que ele é igual ao homem aranha. Se fossemos sociólogos ou psicólogos sociais e não psicanalistas, poderíamos dizer: Ah! É a influência nociva da televisão, em tudo isto que acontece com os meninos que, dito assim, é um exemplo de onipotência. Onde colocar a imbecilidade disso? Evidentemente aí tem que fazer uma articulação com o seu fantasma, para que ele se transforme no homem aranha e não tenha a menor idéia do que estava fazendo quando lançou-se pela janela. Um outro vai brincar de homem aranha. No brinquedo está sempre o "vamos fazer de conta que sou o homem aranha?", está sempre este ponto de divisória, do sujeito dividido. Especialmente o menino ou a menina quando estão jogando, sabem que não são isto, mas fazem de conta que são. Mas esta maneira de se identificar de maneira tão brutal, dizendo que ele é o homem aranha, se diz tudo isto, é perfeito porque diz. Está dizendo que é onipotente, que sabe tudo, daí que para o outro este passo não existe. Estamos falando de outra estrutura, em que já não vamos fazer de conta que sou o homem aranha, senão que sou. Ele está ganhando o seu lugar, ou alguma coisa assim, procurando ter alguma coisa que cai do seu lugar.

Esta parte da análise em que a mãe diz que o acidente vem para melhorar a vida dele é interessante. Estamos vendo que parece um sadismo, idealizando o acidente, querendo marcar alguma coisa daquilo que acontece neste grupo familiar, mediante esta passagem ao ato. É muito interessante como a analista entende que tem um nível de *acting-out* no brincar diretamente, por isto diz: "Vamos falar". Muitas vezes só a terapia lúdica com as crianças, à maneira kleiniana, é uma maneira de legitimar o *acting-out*. Está bem, Melanie Klein sabia que isto é para finalmente falar. Mas é interessante a maneira ativa de dizer que não vamos cair diretamente no jogo, senão que vamos falar.

Relacionado com isso temos a colocação das poltronas e da maneira como faz os desenhos. Isto leva a pensar também, como um ponto específico da psicanálise com crianças, sobre qual é o papel do jogo em cada análise, com cada sujeito, um por um, e não como uma teoria geral. É claro que o jogo sempre tem o seu lugar. E se tem um lugar fixo, sempre de maneira direta, é para fugir da palavra. Então, é interessante quando diz que primeiro vai fazer outra coisa. Ele fica muito contente com a irmã porque a irmã entra como cúmplice nos *acting-outs,* na maneira como ele brinca com ela.

Não arriscaria dizer o que vai acontecer com a questão dos dez. Por isto perguntei a idade, para ver se poderia ser colocado na teoria geral, na categoria de uma persistência. Aparentemente, na análise seria um lugar mais tranqüilo para ele, onde não é exigido ser dez. Depois podemos falar se alguém entre vocês pensou alguma coisa sobre isso.

Parece que não é como o dez para o obsessivo. Não é o protótipo de porque tirar nove se poderia tirar dez, numa demanda superegóica, em que o pai e a mãe não suportam o nove – Se sempre é possível tirar dez, por que não? Em princípio pareceria, pela questão de bater as mãos, apertar os dedos, ser um ritual compulsivo. Nas compulsões também são palavras que não são ditas. Mas, evidentemente isso melhora por esta desaparição da conduta. Quer dizer que se desapareceu na conduta é porque se reciclou para o falar. Entendem que não é uma terapia da conduta. Se isto vai desaparecendo é interessante.

Num sentido, o vejo como uma criança rejeitada que no início procura fazer questionamentos e isto seria interessante para se pensar, precisamente porque questionamentos os analisantes sempre fazem, é próprio da posição do analisante. Mas tem muitas maneiras de se questionar. Acho que não é um posicionamento histérico de barrar o amo, incomodando e tratando de que o amo lhe dê razões, que não consiga se defender. Penso que muitos questionamentos são: "se eu fizer as piores coisas, ainda vais me querer?" Creio que é o que acontece no caso apresentado: vou fazer isto, vou fazer aquilo, e você, o que vai fazer? Mas a analista diz que nada disso aconteceu. Mais uma vez é a questão de buscar pela declaração amorosa da analista. Uma procura de incentivar a demanda de amor. Por isto parece um desafio, um questionamento. Pode vir a ser um questionamento, mas isto, assim como aparece, reenvia a outro ponto: a uma demanda de amor, de poder fazer as piores coisas e apesar disto ser amado. Há algo terapêutico em jogo na confissão deste desamparo e na procura do amor, provavelmente de uma mulher. Não é secundário o sexo do analista, contrariando a presunção simbólica de que é tudo igual, que todos podem se substituir. Há algo do real do corpo, que é muito importante e que aparece neste menino, então, que seja uma analista mulher e não um homem.

Temos, também, ao que parece, o ciúme da mãe, que de alguma maneira diz que este filho ou é um pedaço de si ou tem que morrer. Muito próximo dessa disjunção mortífera, como diz Lacan: faça o que for, há sempre a perda, não tem saída. Provavelmente sua vinda de quinze em quinze dias é para dizer também que ela está aí, na cena terapêutica e que ela não vai soltar o filho. Se solta, sai diretamente pela via da janela.

Com relação à teoria médica da mãe, parece querer desqualificar a analista. Procura a transferência ao Sujeito-suposto-ao-Saber, dissociada na figura do neurologista, para desqualificar a analista, que deveria ter esse saber, e a destitui como sujeito do saber, questionando: "Tu sabes?". Pode ser duas coisas: que não sabe ou que a enganou, que é um Outro enganador. Qualquer uma das duas são destitutivas. Se não sabe é porque é imbecil, se sabe, pode ser pior. O fato é que a analista não instrumentou este encaminhamento para o neurologista, este é o ponto fundamental.

Há uma teoria a respeito do corpo, da semelhança e das maneiras de ser, que se pode ver na ideologia atual: se tens um problema, há um remédio biológico que o faz desaparecer, não tem que falar. Aparece algo a respeito desta questão genética, desse homem que produz filhos agitados. Por esse motivo quer falar com a outra mulher, para dizer-lhe isso. Nesta maneira histérica, ela está colocando a analista num lugar destitutivo. Está barrando a analista, mostrando a sua "incompetência", a sua enganação e atribuindo a si mesma este lugar terapêutico, dizendo que vai também salvar o outro menino, também agitado. Ela cumpre a função terapêutica da qual se apropriou do lugar da analista. A curadora, vamos dizer, agora é a mãe.

Falei da mãe, quase em paralelo com o filho. Acho que há um transitivismo difícil de quebrar. Penso não ser um erro, mas é neste ponto que a cena terapêutica tem que reconstituir. Como maneira possível de manter o menino na análise, colocar um limite para a mãe que foi encaminhada para análise e não aceitou. Ela tem que participar diretamente da cena, tendo este lugar em paralelo com o filho.

Agora escuto vocês.

P: Duas coisas que queria perguntar. A primeira é muito simples. Não sei qual a diferença entre gorda e obesa e pelo que falava a analista tinha uma diferença.

R.H: Abra um pouco a pergunta.

P: Primeiro disse que é gorda, depois que era obesa ou pouco obesa. Então parecia que eram dois conceitos diferentes, e como eu não vejo assim, fiquei confuso e confesso que não sabia.

R.H: É uma delimitação quantitativa.

P: Qual é o mais?

R.H: Obesa.

P: Ah! Obesa é mais gorda? Também tem obesidade mórbida? Então está bem.

A outra questão é a do dez. Escutei ali uma inversão muito sutil que ele faz. Ele diz que fulano "me diz que eu sou dez", depois a analista pergunta: "Tem que ser dez?"

Sim, tem que ser dez. A mãe diz que tem que ser dez. Todo mundo diz que tem que ser dez, como uma exigência que fazem para ele. Depois ela muda isto dizendo assim: só tu que me dizes que eu não sou dez. Aí é uma exigência que ele faz para a analista, que inverte a questão e entra naquilo que tu já dizias sobre ela ser rejeitada ou não: Tu não dizes que eu sou dez. É a procura do amor, como dizias

R.H: Agora escuto na tua pergunta uma questão referente ao aparente lugar da exceção a respeito do que a mãe diz do Lucas. Esta figura parece que também está na transferência: se és analista, é exceção. Mas, há um deslocamento para o lugar da analista, da exceção que aparentemente tinha que ser, que ele é distinto dos outros. Este é o outro ponto que escutei agora. Como ele, através deste espaçamento, desse distanciamento, da diferenciação dos outros, procura um espaço próprio. Os irmãos saem para jogar, ou seja, fazem espaços próprios. Na escola temos o inverso. Se disserem que tem que fazer, então ele não faz. Parece que não é simplesmente rebeldia; isso seria uma transcrição quase condutista, tratar de fazer um espaçamento como lugar próprio.

Outra maneira de fazer isso seria, por exemplo, ter uma agorafobia. O sujeito vai para a rua para ter uma perda do espaço próprio. Mas, neste sentido, o espaço da rua como um espaço comum, coletivo, o espaço da cidade, não é para mim. Não como rejeição. Aí tem alguma coisa deste seu espaço como exceção. Com razão ele diz que faz as coisas de maneira distinta. Não é simplesmente um oposicionismo psicótico, senão que está mais nessa linha neurótica de conseguir um espaçamento. Não sei se entendem isto.

P: ... que aparece diretamente na transferência?

R.H: A analista propõe um transitivismo, ele quer exceção. Mas exceção não quer dizer excepcional, senão que está se colocando como o Um que faça diferença com a massa, como escreve Freud em *Psicologia das massas*[24]; não é, também, o lugar do pai despótico, tirado do conjunto. Nesse lugar ele se perde. Ele aparece diretamente como um buraco, o buraco da janela, ou seja, não se sustenta. Perde-se nesse lugar vazio da descrição patética da mãe que olha toda essa movimentação.

P: Nesta parte que a mãe fala do hiperativo bipolar, que é sempre coisa do pai, passa a impressão de que ao fazer isto constrói a idéia de que tudo o que se passa com o menino não tem nada a ver com ela, tem a ver com o pai que é totalmente irresponsável. Tudo o que aparece como sendo "maluquices", inclusive pensar que o outro menino também seria hiperativo, confirmaria a alegação de que ela não tem nada a ver com o que se passa com o Lucas. Tudo é do pai. Fiquei pensando enquanto você dizia que ela convoca a analista dizendo: "Você sabia que ele era hiperativo?", é como se a analista a deixasse na incerteza, não confirmasse esta teoria de ela não tem culpa, não

24 FREUD, S. "Psicologia de grupo e Análise do ego". In: *Obras Completas de Sigmund Freud.* Edição Standard Brasileira. Rio de Janeiro: Imago, 1976. Vol. XVIII, p. 170-1.

tem nada a ver com ela, é genético e é do pai. Neste caso, a idéia do neurologista confirmaria a sua teoria de que ele é hiperativo como o pai. No momento em que a analista não diz, como se esta tivesse um saber sobre o Lucas da qual ela não participa, fica insegura com relação a sua teoria.

R.H: Concordo com a questão das desimplicações subjetivas. Este é um ponto para trabalhar com ela terapeuticamente. Indo além disto, da posição de alma bela, de que não tem a ver com as questões, é tudo o pai, paradoxalmente podemos dizer, como assinala Lacan em muitas ocasiões, alguma outra coisa fica aí articulado, mas não é ainda articulável. Estou me referindo que temos uma ponta fantasmática quando ela diz que isto é uma questão do pai, de todos os homens. Nesta desimplicação implica o fantasma, confesso nesta ponta fantasmática pela maneira com que rejeita não só especialmente os homens, senão a dotação fálica, em função da inveja do pênis. Isso faz um conjunto onde estão todos os homens. Seria então de ver esta teoria como teoria fantasmática, porque se dá conta de um fantasma racionalizado, evidentemente com a cumplicidade do neurologista, que aí serve como carimbo – é verdade, é assim. Mas este neurologista também está sendo enganado. Também é um homem destituído, que parece que tem o poder, tem o saber, o remédio, mas também cai na armadilha. É ela que dita a lei para ele. Que seja aparentemente a lei deste neurologista com o medicamento, ela vai com a sua própria lei prévia. Neste sentido está o falicismo.

P: Eu fiquei pensando no Homem Aranha. Primeiro ele falou para a analista que quando se jogou da janela ele pensava que era o Homem Aranha. E depois a analista falou que um dia ele chegou à sessão e foi muito interessante, porque ele se apresentou como o Homem Aranha. Nessa sessão ele falou que ele era o melhor, que fazia muitas coisas. E a mãe coloca os homens desta família como iguais, o filho, estes homens que saem de casa. Se jogar pela janela não seria uma tentativa deste menino de se diferenciar, mais uma vez desta família, destes homens que são todos iguais, inclusive desta criança que vive em outra cidade, mas que também é igual a ele? E o que seria um super-herói para este menino? Se jogar pela janela é ser diferente? A mãe aponta que ele se jogou pela janela e que ele é diferente dos outros, os outros não se jogaram pela janela e ele se jogou. E a analista também aponta isto: que no dia em que ele se apresentou como Homem Aranha foi uma sessão diferente, que ele se colocou diferente na sessão.

R.H: Penso que no momento da queda não é a questão do sujeito se identificar com um objeto do mundo. Na sessão, temos uma elaboração positiva quando ele diz: "eu sou o homem aranha, sou interessante". Mas neste momento da queda acho que é um momento de desespero, não uma identificação mimética, que seria mais a maneira de um sujeito identificado, por isso homem aranha. Primeiro é homem, estou sublinhando isto, a identificação do sexo. No momento da queda, o que quero dizer é que a articulação entre os termos do fantasma é a seguinte: *a* > $ (objeto *a* maior que o sujeito).[25] Está na escrita do fantasma. O sujeito não tem condições identificatórias com um objeto. Esse sujeito barrado ($) perderia o caleidoscópio identificatório de ser o homem aranha, ser um soldado, ser o que fosse. Lacan diz, quando o *a* cai por cima, o sujeito tem uma identificação absoluta com o objeto *a*, é o objeto *a*, segue o destino do objeto *a*. Qual é o destino do objeto *a*? Cair. O destino é uma queda.

P: O homem aranha ficaria colado na parede?

R.H: Claro, não cai, por isto uma identificação falida. O outro tem habilidade, tem sucesso. Aí está como a identificação fracassou. Depois tem a identificação na análise, quando aparece o homem-aranha em palavras no contexto da própria situação analítica, ele falando do homem aranha. Mas aí seria uma maneira a posteriori de buscar racionalizar uma passagem ao ato ou um *acting-out*. Este é o ponto. Se fosse uma passagem ao ato bem sucedida, ele teria morrido. Foi uma tentativa de suicídio. Nós sabemos sempre a posteriori, *après-coup*, se morreu ou não.

P: A mãe disse que o pai dela não gostava dos homens. Parece que nisso ela também está em vantagem: rejeição de dois maridos, dois filhos.

R.H: É um traço identificatório dela que é viril, macho. Esta rejeição, não importa a procedência, pode ser de um homem que rejeita homens para ser o patriarca, o avô, mas é ela que incorpora este traço – é uma mulher incorporadora – incorpora comida, incorpora identificações.

P: Ela disse que Lucas é igual ao pai. Que ele é maluco, hiperativo. Depois a criança pergunta: "eu sou dez?" Fico pensando se isto não é uma meta dele, se colocar como homem-aranha? Uma coisa maior que ele poderia fazer. Uma tentativa de poder sair disso, rejeitado, maluco, uma merda. Quem

25 HARARI, R. *Fantasma: ¿fin del análisis?* Buenos Aires: Nueva Visión, 1990

é o maluco? Poderia ser um caso de melancolia tentando sair disso sem conseguir? Também por isto parece o diagnóstico de transtorno bipolar?

R.H: É pouco preciso, o bipolar. Poderia ser pela passagem ao ato. Pela fantasia do coração da janela, janela do fantasma. Isto parece o filme de Woody Allen, "*A Rosa Púrpura do Cairo*", em que o ator sai da tela para falar diretamente com os espectadores, faz todo um percurso e depois volta. Eu associo esse filme com o material que estamos trabalhando hoje. Acho que este filme de Woody Allen é um sucesso a respeito do fantasma. Do que acontece com esta tela e a argumentação que há aí. Uma tela em que a pessoa entra e sai. Poderia ser análogo a delirar na análise. São análises que têm muitas manifestações com o corpo, com a energia corporal. Temos que partir de que não é comum com psicóticos ou melancólicos a auto reprovação, senão que o equivalente é a passagem ao ato, grave como esta. Um adulto diz: sou uma merda, sou uma porcaria, não tenho o direito de viver, prefiro morrer. Aí temos o que foi dito como delírio por este pequeno ser. Evidentemente não tem direito à vida. Numa criança isso não é simples. Para dizer isso tem que ser muito melancólico. Então isso sai diretamente pela via da passagem ao ato: sou uma merda, tenho que cair como caem as fezes. Ele caiu desta forma, fazendo esta identificação anal absoluta. É precisamente este o destino do objeto *a*, descer, deixar cair. Naturalmente uma pessoa deixa cair alguma coisa dela para se constituir, para viver. Mas se toda ela cai, não deixa um buraco como acontece quando cai algo dela, senão que é ela toda que cai. É incrível o que se está dizendo, esta é a evidência do sujeito barrado. Mas confirmo a questão da análise, não será um melancólico? E, também, se a mãe suporta deixá-lo em análise. Evidentemente a condição é que ela também se analise.

# APRESENTAÇÃO CLÍNICA 3

X: Vou falar de uma mulher que tem quarenta e nove anos. Eu comecei a atendê-la há oito meses. Ela veio me procurar porque estava com muitas dificuldades de se adaptar em Florianópolis, ela veio de um outro Estado. Em Florianópolis, não gostou do local de trabalho, não gostava das pessoas, não gostava de nada que tinha aqui na cidade e estava pensando se queria ir embora. Veio transferida do lugar em que ela trabalhava; era uma transferência difícil de conseguir e ela conseguiu.

R.H: Ela demandou a transferência então?

X: Mais ou menos. O que aconteceu? Ela teve pela segunda vez uma internação. Os colegas de trabalho sugeriram a ela que fosse embora, que ficasse perto de alguém da família, já que ela não tinha mais ninguém da família lá onde estava. Tem um irmão que mora aqui, ele é um pouco mais novo do que ela, casado, com filhos já adultos. Ela viu que não adiantou nada vir morar aqui porque, enfim, a família não a procurava muito e ela não morava perto do irmão Perguntavam para ela sobre essa transferência do trabalho, as amizades do trabalho e a cidade em si. Para ela era tudo diferente e ela não gostava. Veio por uma decisão. Ela disse "estou vindo aqui para saber se eu volto ou se eu fico." E a cada mudança que ela faz, em todos os aspectos, sempre veio uma crise. Ela chama de crise a isto que os psiquiatras chamam de surto e que eu chamaria de episódios, os episódios que ocorreram com ela e que eu vou colocar.

Bom, foram estas as questões que ela trouxe. Ela toma lítio, fluoxetina e atualmente está tomando Lexotan.

R.H: Dados pelos psiquiatras?

X: Sim. Depois eu vou colocar em que momento foi entrando esta medicamentação.

A mãe desta paciente faleceu há quatro anos. É solteira, era muito apegada à mãe, sempre moraram juntas. Uma mãe sutilmente controladora, companheira, que gostava de ficar com ela e ela de ficar com a mãe. Até aquele momento era isto que ela dizia. Sobre o pai, ela coloca que em algum momento teve influência na vida dela. Pessoas que tiveram influência na vida dela: o pai, o primeiro namorado e o irmão dois anos mais velho do que ela e que fisicamente é muito parecido com o pai. Em outro momento ela diz que o pai só serviu para gerar, porque para ela o pai realmente foi a mãe e este irmão mais velho, muito importante na vida dela.

Os amores da vida dela, ela vai separando, foram: a mãe, este primeiro namorado que teve muita influência, foi o amor de sua vida, e um outro namorado que desencadeou a crise na qual ela veio transferida para Florianópolis.

Esta é a sua história familiar. Sobre o que aconteceu neste episódio que acarretou a sua vinda para Florianópolis, comenta que investiu muito e acha engraçado dizer investir porque parece uma coisa financeira, uma transação financeira este investimento. Ela se apaixona pela primeira vez quando tinha dezessete anos e o rapaz trinta e seis. Ele apareceu na vida dela quatro meses depois do falecimento do pai. Ele era bem mais velho e amigo do irmão. E a única pessoa que aceitou este relacionamento foi a mãe, assim como em vários outros acontecimentos em sua vida, a mãe sempre esteve intermediando. A mãe aceitou este rapaz, este amor que foi o mais importante. Eles ficaram juntos alguns meses, depois ele sumiu. Ela diz que ele sumiu, mas não sabe por quê. Ele sumiu e ninguém teve mais notícias dele. Só se sabia que não estava morto, que estava em outro lugar, mas ninguém sabia do paradeiro dele. Enfim, ela tem esta idéia de que ele sumiu. Ela não deu motivos, não sabe por quê, mas foi uma coisa que a marcou. Ela fala nisto como um fato muito importante sobre o amor da vida dela, que é este rapaz.

R.H: E sumiu para sempre?

X: Sim, para sempre. Depois ela conta a seguinte história. Nesse segundo episódio ela conta a história condensada e contou para um colega de trabalho.

R.H: Agora é o namorado seguinte?

X: Não é namorado, mas ela se apaixona por este colega de trabalho, agora muito mais jovem do que ela, diferente daquele que era mais velho, mas ela trouxe a história toda junta. Vou colocar junto e depois vou separar. Ela se apaixona por esse segundo rapaz e cria um mundo no qual não existe a família dela, nem a família dele, não existe mais ninguém, somente os dois. Assim ela fica vivendo. Este por quem se apaixona é colega de trabalho com quem ela conversa. O rapaz tem namorada, é muito mais jovem, tinha vinte anos e ela na época deveria ter uns quarenta e seis. Então ela fica "criando", "fingindo", é assim que ela coloca. Numa sexta-feira chegou para este rapaz e disse: "Olha, tu já sabes que eu gosto de ti e eu quero saber qual a sua posição diante disto". E o que acontece depois ela não lembra – esta cena é interessante porque ela diz que não lembra exatamente o que aconteceu – Ela só sabe que a parti daí enlouquece. Diante de uma negativa.

R.H: Diante da negativa dele?

X: Aí é que está, ela sabe que foi uma resposta negativa, mas ela não sabe o teor da conversa, ela não sabe exatamente o que foi dito para ela.

Desta vez, ela chegou em casa, dormiu e acordou no sábado de manhã. Ela já morava neste prédio há muito tempo, a mãe dela já havia falecido e ela continuava morando ali, e conhecia muitos vizinhos. Ela começou a agitar o prédio todo. Tocar na campainha de todo mundo, chamar todas as pessoas do prédio e quando elas abriam a porta ela pedia que apertassem uma tecla do celular dela. Nesta tecla ela havia registrado o número deste rapaz, que tinha ido viajar com a namorada. Assim ela fez oitenta e seis vezes, oitenta e seis ligações para o celular deste moço que não atendeu porque estava viajando. As pessoas começaram a ficar muito incomodadas e ela foi contida.

R.H: Quem fez a conta de oitenta e seis, como sabe este número?

X: Ele falou para ela porque ficou registrado no celular. Foi quando ela voltou para casa, depois de ter ficado internada por um tempo. Ele perguntou, rindo, o que significava as oitenta e seis ligações no celular dele. Ela disse que não queria falar porque os dois eram amigos.

Após a internação começou este movimento para que ela viesse morar perto de alguém da família.

R.H: O que sabes desta internação?

X: Como ela trabalha na área da saúde, conta que ao ser internada foi tratada não somente como paciente, porque as pessoas que trabalhavam no hospital também a conheciam. Era também alguém que conversava com os outros pacientes, que tinha um tratamento diferenciado. Esta é a idéia que ela tem da internação. Que ela conversava com os pacientes, que não houve maiores problemas porque estava lúcida nesta internação.

Na primeira vez que relatou esta história, conta que deu uma surra na mãe. Depois separou os fatos, porque quando aconteceu este episódio do celular, a mãe já havia falecido e ela diz: "sabe o que é? É que quando eu bati na minha mãe foi por causa de um outro rapaz, foi a mesma história do rapaz ser mais novo que eu, que trabalhava comigo e eu falei que gostava dele e recebi uma resposta negativa. Quando eu cheguei em casa e minha mãe me pediu para eu fazer alguma coisa, como guardar uma roupa, eu me irritei e lembro que eu levei minha mãe para dentro do quarto. Eu não lembro de ter batido nela, mas eu sei que bati nela, embora ela tivesse dito que não, todo mundo disse que não, mas eu sei, porque ela estava muito marcada". Foi internada também naquela ocasião, e a partir da primeira internação, em 1986, começou a tomar lítio e seguiu com esta medicação durante todos estes anos.

Foram estas as histórias. Ela é obesa, e o que a acompanha sempre nestes episódios é que ela emagrece. Nesta ocasião em que bateu na mãe, tinha emagrecido, estava na academia, queria morar separada da mãe e comprar um apartamento. Sempre colocava uma seqüência de fatos. Na segunda vez a mesma coisa: emagreceu e estava se sentindo bem.

R.H: É obesa agora?

X: É obesa. Emagreceu, estava se sentindo bem, parou de tomar o lítio porque estava se sentindo bem e foi internada de novo. Teve um psiquiatra que a atendeu e disse que toda a doença dela começou quando ela tinha 14 anos e saiu da escola porque tinha engordado muito. Essa relação de emagrecer e engordar sempre está muito presente no que ela fala. Ela engordou muito e ficou com vergonha de ir para a escola e a mãe aceitou que ela saísse da escola. A mãe sempre fez esta intermediação. Ficou em casa durante um ano cuidando do sobrinho que na época tinha nove meses, filho deste irmão que mora aqui.

R.H: Deixou a escola totalmente de fora?

X: Completamente, ficava o dia todo cuidando desta criança. Ela gosta muito deste sobrinho que mora aqui também.

Isto foi aos quatorze anos – depois ela teve a história do primeiro relacionamento e, entre estes dois, primeiro com o que era bem mais velho e depois com esse que era bem mais novo, ela se envolve com um rapaz durante os seis meses em que ela ficou em casa trancada no quarto e que ela só sabe que foram seis meses porque ficou o registro num trabalho dela. Aí o que aconteceu? Ela só comia bolacha de água e sal e bebia água e ficou muito magra durante essa fase em que ficou no quarto. O que a mãe fazia? A mãe ficava em casa junto com ela e quando alguém vinha visitá-la, a mãe dizia que ela não queria ver ninguém. A mãe se colocava neste lugar. E ela sempre traz isso da mãe, que é a filha da mãe, o amor da mãe, desta forma até agora. Só nas últimas semanas ela tem trazido coisas diferentes.

O que é que me chama atenção nela?

R.H: Como te chamou, como chegou a ti, como começou, foi encaminhada?

X: Ela trabalha num lugar em que eu atendo algumas pessoas. Então essas pessoas falaram de mim para ela e ela veio me procurar. Ela tem uma relação interessante comigo e foi o que me chamou a atenção desde o início na transferência. Ela veio com isto de internação, de medicação, mas coloca da seguinte forma nas primeiras semanas: "Eu saio daqui com muita raiva de ti e quando eu estou indo para casa já vai passando minha raiva e eu chego a casa e vejo que na próxima semana eu não vou voltar". É assim é sempre, semana a semana ela vem dizendo isto, o quanto é difícil para ela chegar, ela diz: "Olha, hoje para chegar aqui eu resolvi colocar sandália, para ver se é mais fácil caminhar até aqui!" Um dia ela pegou carona, outro dia veio de táxi. Ela diz: "Eu fico esperando ali fora e pensando que eu vou entrar e dizer que eu não vou vir mais, que eu não tenho mais nada", e já começa a falar.

R.H: Uma vez por semana?

X: Sim. Uma vez ela me ligou de manhã perto do almoço e pediu para eu retornar a ligação, eu retornei e ela me disse o seguinte: "Olha, eu não vou hoje porque eu não estou me sentindo bem, estou com pressão alta". Eu disse: o teu horário é 14:30 e estou aqui te aguardando e encerrei a conversa. E ela veio. E ela veio muito antes do horário dela e ficou esperando. Neste dia pôde entrar alguma coisa do assunto que está presente agora, nesta questão de pressão alta, hipertensão, hipertesão, que apareceu com estes meninos mais novos. Ela começou a falar de outro menino mais novo, que ela estava interessada neste momento. É um rapaz de dezenove anos, trabalha com ela também, mas desta vez o que estava acontecendo? Ela não estava conseguindo emagrecer, ela estava engordando ao invés de emagrecer e havia todo este investimento de novo, ela estava interessada nele e com medo de que se ele desse uma resposta negativa para ela, ela iria enlouquecer. E, se ela enlouquecesse, disseram para ela que o Instituto onde ela seria internada é muito ruim, e que ali ela não gostaria de ficar; e como ira ser se ela fosse internada, já que ela não tem amigos aqui, ninguém para socorrê-la. Ela ficou meses com esta preocupação sobre a internação.

O que ela fez de diferente? Ela começou a se maquiar, levemente, discretamente, começou a arrumar o cabelo, tirar sobrancelha, usar maquiagem e não emagreceu. Este rapaz sinaliza que está interessado, daqui a pouco já diz que não e aí "o pessoal fica pegando no meu pé no trabalho, que é para eu ir atrás dele porque ele é muito novo", enfim, ela realmente estava interessada neste rapaz. Há um mês mais ou menos ela chegou à conclusão que este rapaz não queria nada com ela.

R.H: Ela falou com ele ou não?

X: Ela deixou um recado para ele no celular uma vez, ele saiu de férias e não vai voltar a trabalhar neste lugar, então ela sabe que acabou. Desta vez ela diz que está muito triste, muito deprimida, mas, que ela não vai delirar na realidade, ela diz "não vou delirar, isto não existe". Quando este rapaz saiu de férias, nas duas semanas que ele saiu, ela deixou de vir às sessões. Foram as únicas vezes que ela faltou. Quando ela voltou, diz que não existe isto para ela e através do que ela ia falando eu vou mostrando como isto coincidiu, ele se afastou e ela também se afastou da análise.

Ela diz "Olha eu queria fugir do mundo, eu podia fugir de mim, mas eu não podia fugir da realidade. Se eu viesse aqui eu teria que me mostrar e eu não podia me mostrar naquele momento, eu sabia que eu não tinha condições de fazer isto, porque eu iria enlouquecer de novo, então eu não vim". Ficou estas duas semanas sem vir e agora segue vindo. O que ela está dizendo agora?

R.H: Como sabe que o cara voltou?

X: Ele ficou duas semanas de férias e assim que retornou das férias já saiu do trabalho, porque tem um tempo determinado para ficar, era temporário o trabalho dele.

R.H: Não é fixo?

X: Não, é temporário. Então ele ficou de férias duas semanas, voltou e já saiu. São aquelas férias que já emendam com a saída.

R.H: Ela sabia que ele não era fixo?

X: Ela sabia, mas estavam tentando fazer com que ele pudesse ficar porque o contrato pode ser renovado, mas não foi renovado e ela estava nesta esperança de que fosse.

O que aconteceu de interessante nesta época em que ela começou a se maquiar? A partir desta maquiagem surgiu a metáfora da máscara, que é um ponto muito importante para ela. O que ela sempre se queixou das pessoas daqui é que as pessoas daqui são falsas. As pessoas daqui ficam colocando panos quentes nas coisas, não falam claramente e ela não. Ela fala tudo na cara. Então ela gera um problema muito sério no ambiente de trabalho. Eles mandam para uma seção, mandam para outra seção, porque ela cria um desconforto onde fica. Ela fala muito alto, é agressiva porque tem que dizer o que pensa. E quando ela se deu conta da máscara, ela vem trazendo que é possível em algum momento não se mostrar por inteira. É possível mostrar só uma parte dela. Por exemplo, agora ela está muito triste, mas ela tem que pagar as próprias contas, ela tem que trabalhar.

Então ela não precisa sucumbir a tudo e ficar em casa presa, como já aconteceu várias vezes. Ela tem que ir para o trabalho, fazer de conta que as coisas estão mais ou menos bem e voltar para casa. É isto que ela tem que fazer, e a isto ela chama de usar uma máscara. Ela ficou muito impressionada com isto, de se maquiar e de usar máscara, porque ela diz que quando ela era criança, ela fazia coisas do tipo: ela ganhou um presente e disse: muito obrigada, eu gostei muito do presente, pena que eu odeio verde. Era uma roupa verde. E ela diz que hoje não faria isto com esta máscara. O que ela faria? Se desse para trocar o presente ela perguntaria delicadamente para a pessoa se havia a possibilidade de trocar o presente, se não, ela diria: olha, não é a minha cor preferida, caso a pessoa perguntasse, mas que havia gostado do presente e acabou a conversa.

E se ao abrir a porta do apartamento encontrar um vizinho, não vai falar: olha tu estás me vigiando? "Eu não faço isto porque não encontro nenhum vizinho, mas eu poderia pensar nisto. Hoje eu penso: eu poderia usar a minha máscara e dizer: tudo bem? Bom dia, e vou embora."

Ela está trazendo isto: "Eu posso usar a minha máscara de disfarce e não mostrar tudo, posso mostrar algumas partes dependendo de onde eu estiver", porque ela sempre defendeu e carregou a seguinte bandeira: "Eu amo com muita intensidade e eu odeio com muita intensidade. Eu sempre amei muito a minha mãe e eu odiei muito a minha mãe a ponto de bater nela daquela vez". Na adolescência ela não suportava buscar os parentes de ônibus, quando estes iam visitá-las – ela morava numa cidade muito grande, a viagem de ônibus era muito longa e ela tinha que ir com a mãe para buscar os parentes. Ela tinha vontade de fazer outras coisas que as meninas da idade dela faziam. Então, no ônibus ela ia fazendo novelinhas, ela chama assim, ia fantasiando o que ela gostaria de estar fazendo naquele momento, mas que não podia fazer porque a mãe a levava para buscar os parentes. Era assim todo final de semana, nas longas viagens de ônibus que ela não gostava.

E a mãe, neste momento, começa a sair deste lugar de uma mãe muito amorosa, de uma mãe que fazia tudo, mas uma mãe que também atrapalhou muito, uma mãe que em algum momento impediu que ela pudesse fazer outras coisas, enfim.

R.H: Quando começou isto da máscara?

X: Isto da máscara começou há uns dois meses e meio. A máscara começou porque ela foi ao casamento de um desses sobrinhos e se maquiou, se achou muito bonita e resolveu que ficava bem arrumar o cabelo e se maquiar e que estava fazendo isto para este rapaz que trabalhava com ela, este último, de dezenove anos.

R-H: Uma coisa antes de finalizarmos. Tinhas dito que a dúvida era se era crise, surto ou episódios, tu dizes que preferes chamar de episódios. Escutei isto e posso te perguntar por quê?

X: É o que justamente me pegou neste caso. Ela veio como surto, com um diagnóstico de transtorno afetivo bipolar e toma medicação para isto.

R.H: Bipolar?

X: É o diagnóstico psiquiátrico, se coloca nesta posição, porque diz que o comportamento dela é este. Ou ela está com estas crises, estas agitações ou ela está muito deprimida, como neste momento agora. Eu chamo de episódios porque foram acontecimentos isolados que foram acontecendo na vida dela e ela trouxe como se fossem capítulos. Primeiro ela trouxe um, depois ela foi separando. Isto não teve um ordenamento. Por exemplo, este episódio de quando ela tinha quatorze anos, que foi uma das primeiras crises dela, ela contou isto há duas semanas. Então, de vez em quando ela vai trazendo cenas novas. No começo ela trouxe muito condensado e depois foi desmontando. Por isto que eu chamo de episódios.

R.H: Tu não concordas com transtorno bipolar?

X: Não, não é que eu não concorde com o transtorno bipolar, eu não concordo com a psicose. Por isto que com este caso, assim como diz que se sente desafiada, por isto que ela vem, ela vem porque eu cutuco, eu a provoco, ela sai da sessão ficando "puta" da mesma forma, embora para mim seja muito bom atendê-la, eu gosto, não é "pesado", não é difícil para mim escutá-la. Só que ela sempre se coloca nesta posição e eu também me sinto provocada com o que ela traz.

R.H: Para ti não é difícil escutá-la e para ela é difícil te escutar?

X: Em função da transferência ela coloca muito deste amor e deste ódio que ela tem por todas as pessoas, inclusive na relação que ela tem comigo. Ela diz assim: "Eu saio daqui com muita raiva, com vontade de te dizer um monte de coisas, mas quando eu chego no outro dia, alguém pergunta por que tu não vais lá conversar com a X.?" Ela mantém essa mesma relação comigo. Acho que a transferência neste caso, o que eu escuto da transferência dela, é fundamental para pensar que não é uma psicose.

## COMENTÁRIOS DE ROBERTO HARARI

R.H: X. colocou muito bem a questão se é psicose ou não.Vou dizer a minha idéia como exercício clínico. É mais que um transtorno afetivo bipolar, não somos psiquiatras, mas é mais uma situação de esquizofrenia paranóide. Equilibrada porque não tem alucinações, porque não apareceu que tenha alucinações e sim ilusões, tomando isto quase no sentido da semiologia psiquiátrica. Para dizer com Freud, teríamos que pensar o quanto de introversão libidinal e o quanto de regressão narcísica há neste caso - isto que para mim tem muito a ver com o caso de Lol V. Stein, de Marguerite Duras, trabalhado por Lacan[26]. Há um texto de Freud "As Neuropsicoses de defesa", que há muitos anos trabalhou Lacan, em que é trabalhado o que se encadeia a partir da "frustração do amor", que coloca a questão de um não, do dizer de um não por parte de um namorado.

26 LACAN, J. "Homenagem a Marguerite Duras pelo arrebatamento de Lol V. Stein". In: *Outros Escritos*. Rio de Janeiro: Jorge Zahar, 2003, p. 198.

Este texto freudiano[27], dos inícios da psicanálise, apresenta uma questão sobre uma namorada que ficava esperando o namorado ausente e depois psicoticamente seguia falando com ele e fazia de conta, o tempo todo, que o namorado vinha e que ela falava com ele. Freud chama isto de demência alucinatória de Meynert, demência alucinatória aguda. Não é o caso, não é a mesma coisa. Estou dizendo que quando comecei a escutar o caso, evoquei tanto o de Freud quanto o de Lacan.

É muito evidente o relacionamento pré-edípico com essa mãe, mas acontece que ela tem muitas ideações, muitas coisas "psi", vamos dizer, muitas maneiras de colocar sentidos, de se movimentar em função de muitas referências onde me preocupa a questão megalômana, por isto duvidava da bipolaridade. A sua maneira de se posicionar é paranóica, com muita intensidade. Eu acho que teve surtos com agitação psicomotriz que foram momentos de perda de consciência também. Não pelo fato de não lembrar e não ter idéia desta passagem ao ato, mas foram vários surtos. Ficam escandidos, mas é interessante como na apresentação da analista aparece constantemente como uma ida e volta entre um e outro. Primeiro falou do segundo, depois falou do primeiro, como episódios escandidos, mas eles têm uma linha em comum. Acho que o que vivenciou a analista é como ficavam grudados um no outro e há uma linha de repetição entre eles.

Sobre a identificação dela, poderíamos dizer ingenuamente que a pulsão dominante pareceria a oralidade, pela questão bulímica. É aparentemente anorexia também, mas o fato é que ela termina com uma identificação com o objeto das fezes, de merda. É rejeitada por todos, me parece. Todo mundo quer mandá-la embora; mandam-na embora de uma cidade, mandam-na embora das situações, mandam-na embora do trabalho, mandam-na embora de setores no emprego, de lojas, é como ser expelida, expulsa de um lugar, constantemente. Pode ser esta a maneira com que ela procura sair deste aprisionamento pela mãe. Seria como um fantasma curativo, ser expulsa de ficar tão envolvida com a mãe, e temos, além disso, que o pai parece quase ausente.

O ponto que para mim leva a pensar que há alguma coisa psicótica nesta mulher é a sua maneira de imaginarizar os relacionamentos e, com efeito, suprir a realidade. Quando diz não delirar na realidade, já começa

27 FREUD, S. "As Neuropsicoses de defesa". In: *Obras Completas de Sigmund Freud.* Edição Standard Brasileira. Rio de Janeiro: Imago, 1976. Vol. III, p. 71-2.

a cura transferencial; ponto fundamental onde ela diz: não vou delirar na realidade, na medida em que consegue fazer um especial equilíbrio neurótico por cima da psicose. É uma restituição, fazer uma restituição com o que chama máscara – e aqui aparece o pensamento concreto – com esta idéia da maquiagem e de que isso é uma máscara. A máscara protege num sentido que não é uma metáfora. Não é uma metáfora, mas uma palavra que se corporiza e ao mesmo tempo ela diz que tem o controle para fazer uma máscara e que isto a faz bonita.

Essa é uma a palavra que a analista escutou muito bem e que gira ao redor da questão da máscara e da possibilidade de fazer com esta máscara a mudança do rosto. Acho que aí está a questão dela não saber muito bem quem é. Neste sentido, eu estava falando mais numa questão que os psicólogos chamariam de identidade, identidade que sempre é fraca. Mas também quando ela diz devo ficar, devo sair, como se este fosse o motivo da consulta. É interessante também a vivência paranóica que traz com as generalizações sobre a cidade, de que todo mundo é assim, não é assim, este incômodo, que é sua maneira de colocar isso na polis, essa impossibilidade de convívio com os outros.

É uma regressão pela impossibilidade de convívio ou a impossibilidade de convívio é na medida em que a libidinização é sobre imagens, sobre diálogos, sobre "filmes" que ela gera na sua cabeça, por assim dizer? Acho que primordialmente é isto. Então, esta maneira de sair para o outro, é como uma tentativa desesperada de cura e também de marcar a diferença dos sexos. Não sei se é tão importante a questão da idade, há uma certa lógica nisto, mas eu acho mais importante que ela procure sair desta falta de vida sexual. Não escutei coisa nenhuma a este respeito. Aparentemente ela não tem vida sexual ou não foi incluída para nós. O que importa como exercício clínico é como foi diretamente não considerada. Então, esta seria uma saída, como uma fuga para a realidade, ou seja, cair na realidade para tratar de se fazer um laço que, evidentemente, ela não tem condições para fazer.

Neste sentido, na questão do corpo, acho que não é uma bipolaridade como estava dizendo entre a bulimia e a anorexia. Não é uma histeria que pode flutuar tão brutalmente com muitos quilos, senão que há algo de um corpo não consolidado. Como diz Lacan: o corpo caiu e a máscara parece que pretende restituir este funcionamento do corpo a partir do rosto. Dar outro rosto, procurando sustentar alguma coisa neurótica. É evidente que a dificuldade na transferência acontece do mesmo modo, a dificuldade de sustentar um laço, do qual ela poderia sair através de uma passagem ao ato deixando a análise dessa forma. O ponto mais preocupante para a direção da cura foi quando ela faltou estas duas semanas, porque o menino saiu de férias. Ela faz coincidir as suas férias analíticas, forçadas, com as férias do rapaz.

Essa facilidade para a identificação imaginária é o ponto preocupante. Acho que os psiquiatras se equivocam, porque ela resolve muito fácil os lutos, o objeto se transforma rapidamente num outro. Não é a sua hipersensibilidade para os lutos. Se há uma tonalidade afetiva, vamos dizer assim, de tristeza, de depressão, isto não quer dizer luto. Esta é a confusão psiquiátrica que, em geral, confunde uma coisa com outra. Essa maneira foi incrível, essa coincidência de que o outro sai e ela automaticamente sai da análise. Mas o tempo todo ela apresenta esta coincidência, fala com outro rapaz e diz: "tu já sabes, eu gosto de ti".

Falta a alucinação, mas eu acho que ela vive num mundo ilusório, mas não quer dizer que por isso é fora da "realidade". Mas fica a ilusão, que é o mais importante para ela. Provavelmente agora, a ilusão seja a máscara. Na construção da máscara colocou a ilusão, e tudo mudou. Eu acho que não mudou. Mas é possível que seja pela via desse laço ainda fraco com a analista, que possa, talvez, sustentar uma neurose transferencial também. Isto quer dizer que se a analista sai da vida dela, penso que esta máscara vai cair. Até agora é pouco tempo, a analisante teria que estar já há alguns anos em análise Estamos diante de um caso que tem muito a ver com a presença empírica da analista, como um outro que está fora dela. Só isso parece muito pouco, mas para uma analisante como ela é muito, e ela quer que a analista fique com o desejo de trabalhar com ela, que não a rejeite, porque ela sabe muito bem se fazer rejeitar com esta identificação com as fezes. Se a analista pode sustentar isto já é muito importante para ela. Penso que por isso começou a construção desta máscara há dois meses.

Escuto vocês.

P: Seria "Tu me rejeitas"? Ou é ela que rejeita, quando diz: "Eu não vou porque estou com dor de cabeça", ela é que diz que não quer ir. Então, não seria uma pergunta pelo que quer a analista dela?

R.H: Qual seria a pergunta?

P: Ela telefona para dizer que não irá, que está com dor de cabeça e pressão alta e a analista simplesmente fala o horário da sessão. Parece que foi bem pontual a analista.

R.H: Aí pareceria um momento em que ela reage como histérica, se faz demandar quando a analista diz: venha!, embora não tenha dito expressamente. Mas para a analisante está muito bem, é uma prova do amor. Neste sentido, há mais como um nível de funcionamento histérico em jogo neste momento. Freud em "Introdução ao narcisismo"[28] se detém exatamente nisso, de que muitas histerias são esquizofrenias, que estão restituídas e também que isso acontece na própria cura e que vão se manter na medida que se mantém a transferência. Não é uma mudança perdurável. Poderia ser, se suportar, mas em todos os casos não se sabe quando vai terminar esse problema. Vai para a interminabilidade. Se tomarmos os historiais kleinianos com psicóticos, se vê que a análise tem 25, 30 anos sistematicamente, onde o fundamental é a presença empírica do analista, não só no nível interpretativo. Presença deste corpo, quando a analista diz: eu estarei aqui, é o teu horário; não está dito, mas é igual: te aguardo! Então ela vem. Isto também tem a ver com a dificuldade dela para demandar, que no neurótico é, vamos dizer assim, o pão nosso de cada dia, de cada hora. Neste caso, não há demanda. Mas inclusive ela demanda e seria interessante se isso fosse motivo ou tema de sessão, isso que surge quase como uma brincadeira – fico em Florianópolis ou não. Está bem que em geral as pessoas chegam e dizem qualquer coisa e depois vai se construindo o sintoma. Mas aqui não aparece a construção do sintoma. Eu pensava que tinhas associado isto com as oitenta e seis vezes que ela faz as chamadas telefônicas. Este número, marcado *après coup*, quando o rapaz diz oitenta e seis, faz aparecer a questão que os kleinianos chamavam de multiplicação, que é uma boa maneira de dizer o *splitting*, isto é, uma multiplicação e não uma dissociação. Esse grande número, que neste sentido parece maníaco, acho que não é maníaco da mania, senão da megalomania. Como o rapaz não vai atender o telefonema dela? Este é um envolvimento dos outros, de tantos outros que ela consegue envolver nessa situação.

---

28 FREUD,S. "Sobre o narcisismo: uma introdução". In: *Obras Completas de Sigmund Freud.* Edição Standard Brasileira. .Rio de Janeiro: Imago, 1976. Vol. XIV, p. 90.

Também no caso Aimée[29], de Lacan, ela se tranqüiliza quando está nas internações, o que tem a ver com a presença. Não é o cuidado, é uma espécie de lar especial que ela consegue com as internações. Assim, mediante isso cai a situação psicótica e *après coup* podemos dizer que é uma situação procurada; não é uma questão volitiva, mas o fato é que se alivia, não pelas medicações e pelas interpretações, mas pela realidade do que implica a internação.

P: Por exemplo, o caso da mãe, que ela não lembra que bateu, mas tem certeza, parece que teve um lapso; não lembra da conversa quando ela se declarava para os meninos, parece que ela teve um bloco em branco, que ela não lembra, mas que sabe que foi um não.

R.H: Ou sabe também pelos outros, como rezam os outros, como segue a história. Parece uma reconstrução de um traço da história que não fica para ela, não tem uma inscrição, não fica como lembrança. Mas sobre esse fato, diríamos que não é um recalque, diríamos que foi um momento foraclusivo, sem inscrição, e depois vem a elaboração secundária, como diz Freud, na "Interpretação dos sonhos"[30]. Mas também começa a operar a "lógica" sobre a maneira como deveria entender a sua história – é evidente que se acontece isso depois, então ele disse que não. Uma lógica do *après coup*. Acho que não foi um recalque, mas foi um momento foraclusivo, ao modo de uma foraclusão parcial, local, pontual.

P: Eu fiquei um pouco confusa com a questão da possibilidade de ter um comportamento neurótico e ao mesmo tempo quando o senhor fala da possível inexistência de vida sexual e na escolha destes homens com idade para serem filhos dela não é justamente para fazer a transposição, e que ela só resolveria com este sobrinho que ela criou? Que sobrinho era este quando ela começou a cuidar com 10 meses? Parece que tem alguma coisa de filho, alguma coisa do Édipo invertido.

R.H: Pode ser, pode ser, um filho. Então o menino seria ela e ela estaria identificada com a mãe. Não tem a ver com a maternidade dela. Neste sentido, essa maneira de funcionar com as identificações é, aparentemente, a única aproximação da mãe. Mas traz também um pedido de fechamento, quando

---

29 LACAN, J. *Da psicose paranóica em suas relações com a personalidade*. Rio de Janeiro: Ed. Forense-Universitária, 1987.

30 FREUD, S. "A Interpretação dos sonhos". In: *Obras Completas de Sigmund Freud*. Edição Standard Brasileira. Rio de Janeiro: Imago, 1976. Vol. IV e V. p. 522.

fazia referência de que ficava fechada no quarto, fechada com a mãe. Não é muito comum, mas tem a cumplicidade familiar, sempre esta cumplicidade para silenciar as coisas e tratar de se fazer dissimulações, que não acontece coisa alguma e ela fica fechadinha. Aí parece mais uma vez este intento da restituição, que parece com um roteiro neurótico, mas não é.

P: Será que a mãe é gorda?

R.H: Não sei se isto não é uma especulação. Não sei se está à procura do gozo oral, senão à procura de um corpo e que este corpo cai o tempo todo, que tem um transtorno imaginário.

P: O que o senhor quer dizer com corpo que cai?

R.H: Tens razão com a tua questão. O corpo que cai quer dizer.... Quando Lacan, por exemplo, fala de Joyce, no momento em que é batido por um grupo de jovens, quando ele era adolescente; bateram fortemente e Joyce disse que neste momento deixou de sentir o corpo. Disse que seu corpo caiu como se fosse a casca de uma fruta, caiu dele. Deixou de sentir o corpo, não sentiu mais dor, não sentiu que estava sendo batido. Ficou assim neutralizado o sofrimento do corpo. Neste sentido, Lacan diz que caiu como a casca. Isto colocado no nó borromeu[31], quer dizer que o imaginário caiu da estrutura dos três anéis, caiu o imaginário. Estou dizendo que esta pode ser a maneira que esta analisante procura costurar alguma coisa a respeito do corpo. Por exemplo, um corpo que tenha muita presença. Estou dizendo que não é só o gozo oral, tampouco uma questão bulímica, mas um corpo que ocupa muito espaço, que não tem dúvidas a respeito de sua existência. Neste sentido estou dizendo que não é um gozo oral e sim a respeito da sua existência. Muitas vezes, diz Lacan, a pergunta pela existência fica resolvida pela presença, assim, indubitável. Senão poderia aparecer como um corpo que poderia se evaporar, desaparecer, que é o momento em que ela emagrece e poderia desaparecer; então estas idas e voltas pelo transtorno imaginário.

É uma maneira ingênua da psiquiatria de ver esta questão da bipolaridade ou dessas bipolaridades, dizendo ser bipolar também com o corpo. Em muitas ocasiões, por causa dessa falta de sustentação do imaginário, vai procurar se sustentar nesta forma de lidar com o corpo e desta forma também de não poder sustentar o relacionamento com o objeto, por isto faz à maneira do *acting-out*. O que faz com esta declaração "Tu já sabes, eu gosto de ti"? Foi

31 LACAN, J. *Seminário 23. O sinthoma*. Rio de Janeiro: Jorge Zahar, 2007, p.145-7.

um *acting-out*. E tem a passagem ao ato quando ela "procura as internações", cai da cena. Lacan diz que a passagem ao ato é diferente do *acting-out*, que neste se monta uma cena, se sustenta a cena, e na outra o sujeito cai da cena.[32] Por isso "caiu" em Florianópolis com uma questão assim: o que faço? Este é o sentido que vai além desta migração, se é boa ou não para ela, que faz aqui? É neste sentido: como caiu aqui? Como foi esta queda em Florianópolis?

P: Eu não pude deixar de ouvir, num primeiro momento, que há transferência. A pergunta que a analista fez primeiro, embora tenha respondido, foi por que seria psicose se tem transferência em alguma medida; claro, eu sei que na psicose também tem transferência....

R.H: Este é o ponto. É o kleiniano Rosenfeld que diz que a transferência na psicose é tenaz e frágil, como ela diz: muito amor, muito amor e muito ódio. Nessa quase dissociação que não é ambivalência, mas pode-se dizer bivalência. Diz com muita clareza que sai das sessões com muita raiva, depois aparentemente vai se acalmando, consegue chegar até o consultório novamente, para dizer que não vai entrar, ou seja, a transferência é fraca. A aptidão para a transferência não é o mais destacável dela. Agora está com esta aquisição boa de sua análise, esta máscara. Acho que é uma maneira aparente dela conseguir uma estabilização de sua psicose. Este é o ponto, se isto pode servir para não ter mais estes surtos, que acho que são surtos.

Freud diz que a linha divisória é sempre a aptidão para a transferência, de que maneira uma pessoa pode sustentar um relacionamento. Nela todos os relacionamentos são fracos, caem. Ah! Este é o ponto. Agradeço. Lembrei que por isso perguntava à analista o que acontecia com este rapaz que não era fixo. Eu estava escutando de outra maneira toda esta questão do contrato fixo, contrato provisório, se ficava ou se não ficava. Proponho escutar isto de outra forma. Se para ela ficava ou não, se ficava como ilusão, se tem algum contrato para manter o laço, se isto era simplesmente provisório. O lugar do outro fica muito questionado nela. Não é um outro que tem uma certa espessura, uma consistência própria e, contrariamente a isso, a facilidade para a identificação. Neste sentido, a tua pergunta do porque seria gorda, podemos dizer num outro sentido, que é a sua facilidade para as incorporações. Não tem problema, paradoxalmente, com os lutos, não sofre pela ausência, se o

32 HARARI, R. *O seminário "A angústia" de Lacan: uma introdução*. Porto Alegre: Artes e Ofícios, 1997, p. 79.

outro não está mais, se não tem, se transforma – ela é. Esta é a passagem que diz Freud, do ter ao ser, que fica muito claro quando este rapaz entra de férias.

P: Podemos pensar numa erotomania como uma espécie paranóica?

R.H: Pode ser.

P: O erotismo, a sexualidade não chega a aparecer. Esta erotomania aparece nesta certeza de que o outro é, que o outro ama e que nisto não tem a menor dúvida. Neste caso ficou muito claro que isto chega de tal maneira?

R.H: É interessante e pode ser sim. Contudo se esburaca a erotomania. Ela não tem a certeza de que o rapaz vai gostar dela. A certeza erotomaníaca não tem dúvidas de que atrai todos, que todos vão dizer que a procuram sexualmente, que há um namoro. Mas aqui aparece esta dúvida e este é o ponto sobre o que estava dizendo que não é um fenômeno estranho conseguir fazer esta estabilização neurótica numa psicose, à condição de prosseguir a análise. Quero dizer que fiz uma boa apreciação, na minha leitura, sobre a direção dessa cura, no que diz respeito à função da analista de se fazer um pouco acompanhante, uma função ortopédica, de sustentar de algum modo com sua presença, o que vai muito mais longe que a questão verbal em jogo. A analista diz: "eu estou aqui, eu existo. Este é o teu lugar, eu estou aqui". Então ela vem. Parece uma erotomania não bem sucedida. Não consegue o seu alvo de ter a certeza indubitável de que todos os homens estão atrás dela.

P: Teria essa possibilidade usando esta máscara para fazer um jogo mínimo, que a histérica joga?

R.H: Acho que seria um erro considerar que a histérica estaria nestes transtornos da alimentação, agora com o DSM-IV. É uma história dura esta, uma história carregada, não é simples. É uma mulher que sofre e sofre muito. Não sei se ela tem a idéia de que efetivamente a análise vai ser boa para ela. Em muitas ocasiões se torna paranoica também, já não é erotomania, senão paranoia. Não é melhor o remédio do que a doença? Aqui há um ponto da transferência no qual podemos duvidar da perdurabilidade da sua transferência positiva. Sem idealizar, muitas análises se mantêm a vida inteira com transferência negativa, quer dizer, com uma erotização da agressividade. O sujeito vem, despreza, fala mal do analista, mas vem sempre, vem pontualmente e não diz que vai sair da análise. Mas a questão não é essa, e sim como fazer este desligamento do analista de maneira não antecipável. Na minha experiência isto pode acontecer e depois pode voltar também, pode ter essa etinerância de ir e voltar.

P: Parece que nestas escolhas chegaria o momento em que alguém teria atração por ela.

R.H: Isto é a fantasia. O fato é o que acontece, e o que acontece é que sempre é rejeitada. São boas escolhas neste sentido.

P: Parece que tem as escolhas de um objeto impossível que inibe.

R.H: Exatamente, mas não sei se pelas particularidades do objeto, senão pela libidinização que ela faz das suas imagens. Por isto o lugar do outro é problemático para ela, não tem uma consistência de um outro que ela teria que conquistar. Freud diz, por exemplo, do masturbador crônico, que o problema é a arquetipicidade que tem para ele, em geral, esse ato. No lugar do trabalho de procurar um objeto da realidade, ele o procura nele. Isto marca para o masturbador crônico sua vida inteira, vai ficar assim este sujeito. Ela tem muito disso, o fechamento e toda esta regressão libidinal. Então, esta saída parece, como diz Lacan, um *jump*, salta para cima do objeto, mas estão foracluídos os degraus para conseguir o objeto.

P: A relação é sempre com um amigo do trabalho. Parece que tem que ter uma certa garantia da impossibilidade.

R.H: Exatamente, sem dúvida, mas isto pela própria condição de que não tem sequer libido objetal, esta é a impossibilidade. Não é que os outros sejam mais jovens, mais velhos, parceiros do trabalho. Senão que fica como um diálogo louco do tipo: "tu já sabes", é amar atribuindo. Eu gosto de ti, então tu gostas de mim. Este é o ponto erotômano.

# APRESENTAÇÃO CLÍNICA 4

X: O relato do caso de hoje não é da clínica, é da escola, porque eu sou professora. Escolhi este caso porque justamente é um caso bem diferente do que já aconteceu na escola. É um menino que está há dois anos e meio na escola. Ele veio para a escola encaminhado por uma psicóloga sistêmica. A família toda fazia terapia.

R.H: Que idade tem o menino?

X: Ele chegou à escola com seis anos e meio e está completando nove anos agora. A psicóloga me telefonou, pediu que eu recebesse esta criança porque estava havendo muitos problemas nas escolas pelas quais ele passava. Ele era expulso, não sabiam lidar com ele. O neurologista diagnosticou como hiperativo. A mãe marca um horário, vem conversar comigo e diz que estava desistindo de ser mãe deste menino, porque ele era impossível, destruía todas as coisas dentro de casa, tinha alguns surtos e acabava quebrando o que tinha pela frente. Não respeitava ninguém e muito menos a ela, não a ouvia. Então, a forma que ela tinha para fazê-lo ouvir era batendo nele.

Esta mãe tem três filhos que vivem com ela. Uma menina e este menino são filhos de outra relação que ela teve. O terceiro, dois anos e meio mais novo, é filho da relação que tem agora.

Este menino que está apresentando problemas não via o pai há muito tempo – o pai legítimo – e chama de tio o atual companheiro da mãe. Então esse homem que vive junto com eles, ele chama de tio. O pai legítimo é uma pessoa bem abonada de dinheiro, é filho único, não trabalha, passa a tarde inteira na praia jogando vôlei e tem uma vida regada a prazeres. Não se dedicou a nada, não tem nenhum ofício.

Há três anos que o pai não o visitava e não conversava com ele. Ele deixou um apartamento para a mãe quando se separou, mas também jogava muito com o dinheiro da pensão – às vezes dava, às vezes não dava, às vezes mandava uma quantia menor. Na verdade nem era ele, mas a mãe dele, a avó do menino que manda o dinheiro, e de repente este dinheiro não aparece mais e ele fica um tempo sem receber nada. A mãe vivia esta instabilidade muito grande para sustentá-los. Ela se nomeia uma pessoa que trabalha com comunicação, mas quando começou a vir conversar comigo na escola sobre o menino, trazia queixas muito grandes da dificuldade de lidar com este filho, apesar de desejá-lo. Ficou muito orgulhosa quando soube que estava grávida de um menino. Esta é a história que ela conta. Então, de repente, ela não dava mais conta deste menino, e para ela isto era algo muito sério. A mãe fazia queixas de criança: "Porque ele me responde assim, eu digo para ele assim também. Ele me diz: tu é feia e ela diz para ele: "olha para a tua mãe para ver como a tua mãe se cuida, como a tua mãe quer te sustentar, quer ver você bonito, quer você inteligente, por que tu me chama de feia?" "Você não é feia, você é horrível.", diz o filho para ela. Ela faz uma queixa para mim: "como é que eu posso aguentar isto?". Era assim que ela se referia ao menino.

O menino entra na escola e faz uma história diferente. Chama-me muito a atenção porque ele vem até a minha sala e fica dizendo ser o meu secretário. Não consegue ficar dentro de uma sala de aula e tem dificuldade para se relacionar. Não constrói relações sociais. Ele faz pontos de saída desta sala, faz um ponto de saída até a caixa de areia. Mas ele vai até a caixa de areia, vê crianças brincando e diz: "vocês estão brincando na merda". Provoca todo mundo, isso resulta em brigas e ele volta para a sala. Volta para aquela sala. Voltava para aquela sala, ficava brincando com alguns brinquedos. Havia uma historinha muito interessante que se chamava *A galinha ruiva* e ele me pedia para contar esta história várias vezes. Aí começa nossa relação. Eu conto a história da galinha ruiva e é por essa via que ele me aceita.

R.H: Tu contaste primeiro ou ele contou primeiro?

X: Ele me pediu o livrinho, me pediu para contar. O livro estava lá. Eu passo a contar a história e ele começa a aceitar que eu conte. Em alguns momentos ele me solicita: você conta para mim essa história? Eu comecei a notar que durante uma semana que ele estava na escola, andava com o livrinho em baixo do braço, e de vez em quando ele me pedia para contar essa história.

R.H: Pedia para fazer introduções na história?

X: Não, ele me pedia para contar como a história era.

R.H: Exatamente igual?

X: Em alguns momentos ele tentava ler a história e a coisa que ele mais queria era aprender a ler, mas estava com grande dificuldade. Ele faz uma ligação positiva com a outra professora, porque em geral ele diz muitos nomes feios para todos os adultos e se estiver perto dele na hora em que ele tem um rompante, ele enche de soco e bofetão. Esta era a história dele e dos lugares, o que já estava de certa forma marcado. A minha relação com ele começa contando esta história e começamos a estabelecer um elo através de alguns brinquedos de encaixe, alguns quebra-cabeças, algumas montagens, mas sempre dentro daquela sala. Mas naquela sala, às vezes, eu atendo algumas pessoas também. Eu tinha que pedir para que ele saísse da sala. Na sala ao lado fica um professor novo, de computação. Então, nos momentos em que eu precisava atender e ele estivesse dentro da minha sala, eu pedia para ele me esperar na sala ao lado. E ele começou a aceitar isso, apesar das dificuldades do outro professor de lidar com a situação. Porque ele entrava, bagunçava, dizia palavrão. O tempo todo era uma boca suja, o tempo inteiro palavrões. Então ele ficava junto com o professor de computação um pouquinho. Depois ele retornava à sala, mas retornava perguntando se eu precisava de ajuda, se ele podia me ajudar porque gostava de ficar naquela sala. Eu havia trocado o tapete da sala, era um tapete bem peludo e ele começou a tirar os sapatos para entrar na sala, para ficar em cima daquele tapete. A partir daí começamos conversar sobre o tapete, ele me fala que é peludinho, pergunto do que é que ele lembra e ele diz que lembra muito da cama dele de quando era bebê. Ele me pediu: "será que um dia eu posso dormir no teu tapete?" Eu digo para ele: "sim, você pode dormir, após o almoço você pode dormir neste tapete". E ele passa a fazer isso, vem dormir depois do almoço naquele tapete.

R.H: Dorme?

X: Sim, dorme depois do almoço naquele tapete.

R.H: Quanto tempo?

X: Ele ficou fazendo isto durante uns dois meses seguidos.

R.H: Quanto tempo dormia?

X: Quarenta e cinco minutos à uma hora. Eu buscava uma cobertinha e colocava nele quando estava frio, porque ele veio em meados de junho, julho, então era um tempo frio. Eu buscava uma coberta, um travesseiro, o arrumava ali e quando ele acordava, a cada dia, mostrava um semblante mais relaxado. Conseguia conversar depois que acordava, contava um pouco sobre a vida dentro de casa, contava das coisas que gostava, das coisas que não gostava. Falava muito da dificuldade com o parceiro da mãe, que ele achava que não era uma pessoa dedicada a ele, que o parceiro da mãe não gostava dele. Sentia que era o padrasto que falava para a mãe tirar o computador dele. Da mesma forma, era o padrasto que falava para a mãe chaveá-lo no quarto quando ele tinha as crises, mas que ele ia fazer uma surpresa muito grande para eles e que essa surpresa era ele se jogar da janela do quarto. Eles moravam no décimo primeiro andar. Ele fala isso várias vezes e então peço para a mãe vir até a escola para conversar sobre essa situação mais séria, que precisaria de uma ajuda clínica para esse menino e possivelmente para a mãe.

A mãe vem até a escola e nessa entrevista relata que quando ela se separou do pai dele ele era pequenininho e ela se prostituiu dali para frente. Contou isso chorando muito, sentia muita vergonha de ter vivido isso, que ela abandonava ele e a irmã dentro do apartamento a noite, deixava um lanche para eles, não deixava eles acenderem o fogão, mas praticamente os dois ficavam trancados em casa e ela saia para se prostituir. Ela dormia pela manhã e à tarde tinha um tempo para ficar com eles. Esse atual companheiro ela encontrou quando vivia este período. Falou para mim que não vai fazer nenhum trabalho clínico porque no tempo em que ela estava fazendo a terapia sistêmica junto com a família foi muito difícil. A terapeuta falou que a culpa era dela e ela não conseguia nem entrar no consultório porque as crianças estavam ali reunidas e o companheiro também falando mal dela e ela se sentiu muito humilhada, então ela não queria retomar. Isso foi uma humilhação para ela, acha que a família não melhorou nada e prejudicou bastante. Ela fala comigo de manhã e a noite ela me liga dizendo: "Me desculpe eu te ligar agora à noite, mas eu estou muito angustiada pelo que eu falei para você porque até hoje não revelei isso para ninguém, mas eu queria que você soubesse que é por esta razão que eu não vou nas reuniões da escola e daqui para frente eu vou falar com você só pelo telefone, porque eu fui falar com você e eu falei isto tudo e eu não devia ter falado. Então daqui para frente eu falo com você só pelo telefone". Então eu disse: "Se isto te faz bem me ligue que a gente conversa pelo telefone porque é muito importante que a gente passe a conversar em função desta criança. Ele está correndo riscos". Ela diz que talvez eu esteja exagerando.

Três dias depois o menino tenta se jogar de uma marquise. Ele sobe numa marquise que dá para uma piscina no prédio e tenta se jogar de lá. Quem interdita é o porteiro que viu pela rede interna de televisão e vê que aquela criança está subindo lá e chama os bombeiros. Então chegam os bombeiros, dá aquela movimentação no prédio, ela é chamada e me liga dizendo que realmente tinha percebido que o menino estava em risco porque ele tinha sido interditado de um suicídio lá no prédio. Isso num fim de semana. A partir desse momento esse menino passa a ser atendido por uma psicanalista, mas ela me diz: "Eu levo numa pessoa que você me indica e eu quero que você fale com ela para mim, mas que não conte aquilo que eu te contei. Eu não vou conversar com ela, mas eu o levo". Eu digo que não poderia fazer isso, que ela teria que ir lá conversar, que era uma coisa dela, que a psicanalista era uma pessoa responsável, ética e que iria acolher a história dela. Ela vai, leva o menino e um mês depois me telefona dizendo que está ficando pior e que iria tirá-lo da análise, pois até as coisas que ele já sabia em termos de matemática, escrita e outras concepções pedagógicas ele estava "emburrecendo." Marco um horário com ela, para explicar isso, porque na escola ele já começa a apresentar mudanças. Ele começa a fazer saídas da sala e começa a fazer amizades. Amizade com esse professor da sala de computação. Amizade com a coordenadora e com uma professora de filosofia. Ele fica muito amigo dessa professora de filosofia e pede para ela contar contos, mitos para ele. Então ela separa um horário após o recreio, um horário que ela não dava aula e naquele horário eu via que ele estava no colo dela ouvindo a leitura dos livros que ela fazia para ele. Era uma cena para ele, começou a ter interesse e a partir disso começou a melhorar, a participar um pouquinho na sala de aula. Ele me procura e solicita um caderno: "X, você compra um caderno para mim e eu vou deixar este caderno guardado nesta sala – que era a minha sala – e a partir daí você monta as tarefas que eu vou começar a fazer as tarefas". Então começa a fazer estas tarefas. Sempre deixo o caderno preparado para o dia seguinte e ele começa a dar conta destas tarefas. Agora neste período em que ele está frequentando a aula regular, está fazendo a terceira série, mas tinha muitas idas e vindas neste contexto.

R.H: A análise se interrompeu?

X: A mãe interrompeu a análise com aquela analista porque ele estava "ficando muito pior". Foi bem interessante o que aconteceu esta semana, porque eu tinha escolhido o caso desse menino para nossa Apresentação Clínica, porque além de eu lidar com todas as questões dele, essa mãe se apresentou e ainda se apresenta muito para mim. E essa semana ela me telefonou falando o seguinte: "X, eu quero te avisar que eu estou interessada em retomar o trabalho do menino, do meu filho e não somente dele, mas da filha mais velha e do filho menor. Eu acho que aqui em casa mudaram muitas coisas, eu vou conseguir fazer uma viagem de uma semana com as crianças, sozinha com as crianças. Estou mais encorajada para fazer isso e penso que depois deles vou eu". Ela me falou isso nesta semana.

## COMENTÁRIOS DE ROBERTO HARARI

R.H: Grande história! Estava escutando e parece o abandono de uma criança. Será trauma ou fantasma? Esta é a questão. É um menino que tem cenas traumáticas, inequívocas, clínicas, ou isto tem a ver com o gozo grudado com o fantasma de fustigamento ativo, que ele consegue efetivamente? São as duas configurações do real conforme Lacan coloca no *Seminário 11*[33]: é trauma ou fantasma? E foi também como começou a psicanálise. Como foram as jovens "seduzidas", as histéricas de Freud, quando diz: não confio mais na "minha neurótica", teoria neurótica, teoria da sedução, teoria traumática.[34] Quase podemos dizer que começa aí a psicanálise, quando passa da teoria traumática para o fantasma. É o que está nesse menino, quando a mãe começa a dizer que não tem outra possibilidade além de bater nele, evidentemente pela característica indutora do menino, de conseguir colocar em ato o fantasma de fustigamento. Consegue ser batido, expulso, condenado o tempo todo, nesta "triste história" que acabamos de escutar.

Podemos dizer que na fórmula do fantasma, ($\$ \lozenge a$) , como diz Lacan, ele fica sublinhado como o termo objeto, porque ele consegue se colocar como objeto dos outros. Numa escala podemos ter muitos signos: a mãe prostituída,

---

33 LACAN, J. *Seminário 11. Os quatro conceitos fundamentais da psicanálise*. Rio de Janeiro: Jorge Zahar, 1979, p. 61.

34 FREUD, S. "Extratos dos documentos dirigidos a Fliess. Carta 69". In: *Obras Completas de Sigmund Freud.* Edição Standard Brasileira. Rio de Janeiro: Imago, 1976. Vol.I, p. 350.

o pai ausente. A mãe que tem que se prostituir porque não tem dinheiro. O pai que tem muito dinheiro, que não trabalha, que fica em dívida com ele, porque o sustenta, mas não faz nada para ganhar a vida. Inversamente, um pai que aparentemente não se articula com a dívida simbólica. Entendem o que quero dizer? Não é ele que ganha o que entra numa troca com o filho, mas os outros dão para ele porque tem uma coroa, como se fosse um rei, algo assim.

Um menino que tem grande sensibilidade para os contos, mas isso em conjunto, como se fosse um conto prototípico de um historial, com traços assim tão marcados, mãe prostituta, pai ausente, parceiro que aparentemente não o quer. Para mim também é muito interessante o mérito da analista, que diz que foi numa escola e aqui se marca a impossibilidade de encaminhamento. É um ponto muito delicado para se tomar em consideração. Em muitas ocasiões, o analista diz que tem que encaminhar porque não está em condições, porque é uma escola, porque tem amizade, ou ainda porque é uma pessoa conhecida, familiar, mas há um real da transferência que diz que o encaminhamento é impossível. Eu acho que foi esta a situação.

Segundo ponto para analisar. Um encaminhamento impossível, como acontece em muitas ocasiões, pode ser porque o analista fica deslocado, acha que não tem condições, porque não suporta o analisante. É respeitável a atitude do analista com este analisante quando procura encaminhá-lo, mas em muitas ocasiões interrompe-se a análise ou pior ainda, vai embora. Não é o caso, porque a mãe respeitou a transferência. Parou um tempo e depois voltou. Marca uma transferência muito forte. Foi a única vez que "confessou" o fato de se prostituir, quer dizer que há aí uma atribuição do saber que é inequívoca e que isto está colocado em você. Tem um roteiro histérico de que não vai falar, só pelo telefone, não vai seguir com os encontros pessoais. Mas isto é próprio do rodeio histérico. O fato de não aceitar o encaminhamento marca um limite como acontece em muitas ocasiões. Lacan introduz o matema da transferência onde diz: em princípio tem um significante qualquer, mas depois, quando o analista diz que tem que ser este, não tem deslocamento. Para dizer de outra forma, o primeiro pode ser qualquer um, um conhecido, pode ser esse ou aquele, pode-se indicar vários – o que fica mais perto da residência, pode ser porque gostou do nome, não sei, pode ser qualquer um. Mas depois não pode ser qualquer um. Aí está em jogo o que proponho chamar o real da transferência que não tem encaminhamento possível.

Temos que levar em conta e suportar isso que geramos. Como geramos? Recebendo a pessoa. Não é uma crítica, é o contrário. Temos que nos habituar com isso, de que é um encaminhamento impossível. Isso é dar testemunho e acho que é um efeito de ensino importante que podemos escutar.

Vamos aos pontos para debater. Quem quer se suicidar se suicida. Parece uma bobagem dizer isto, mas sabemos o que acontece com os melancólicos quando é impossível tentar se matar numa clínica, mas quando consegue alguma condição que possibilite então concretiza o suicídio. Quando não consegue, são intentos deste suicídio. Então, quando aparece uma casualidade que impede o suicídio, temos que falar de tentativa e de uma mensagem ao Outro. Aqui, neste caso, foi o porteiro. Alguém vê, alguém escuta, alguém chama e finalmente o suicídio não se concretiza. Poderíamos perguntar se está no nível de uma ameaça de passagem ao ato ou de um *acting-out*? O recado é um *acting-out* do menino para os outros. Em muitas das cenas ele se coloca com relação aos outros em função do seu fantasma de que o fustiguem.

É um grande montador de cenas. Esta é mais uma cena, inclusive apareceu na televisão, na tela do porteiro, a do circuito interno de segurança; ali ele apareceu exatamente numa cena. Montou a cena e pôde ser olhado numa câmera, no televisor do circuito da vigilância. Neste sentido eu não afirmaria que foi um suicídio que foi impedido, mas foi um chamado desse menino que está em desespero. Evidentemente ele clama por ajuda de muitas maneiras. Qual poderia ser a atitude terapêutica? A interpretação seria a mais comum, mas poderia ser procurar funcionar para ele como uma substituição das coisas que aparentemente ele não tem. Vejam: ou suporta as carências ou procuramos dar "o que ele não tem". Esta é a grande linha da psicanálise com crianças. Alguns, como Winnicott, concebem que se trata de conseguir viver uma ilusão, substituindo carências, não as faltas, mas as carências aparentemente reais que ele padece, por exemplo, afeto, sentimentos, acolhimento; uma repetição que chamaria, como coloquei em meu livro A Repetição do fracasso,35 de repetição imaginária. Por isso ele procurava e pedia para a analista repetir a mesma história. Penso que aqui não é um Real no sentido que Lacan apresenta no Seminário 1136, tal como a maneira do acaso, como um

35 HARARI, R. *La Repetición del fracaso.* Buenos Aires: Nueva Visión, 1988.

36 LACAN, J. "Tiquê e automaton". In: *Seminário11. Os quatro conceitos fundamentais da psicanálise.* Rio de janeiro: Jorge zahar, 1979, p. 55-65.

encontro inesperado. Aqui há uma antecipação, uma demanda, isso é muito comum nas crianças. Posso dizer da experiência com a minha filha quando insistia que tinha que ler um determinado conto e quando se introduzia uma pequena diferença ela dizia: "no livro não diz isso, diz outra coisa e tens que dizer exatamente o que diz". É uma estrutura de acolhimento, que não tem que mudar coisa nenhuma, é a isso a que se propõe a repetição imaginária.

Por que isto? Quer dizer que não é um transtorno do imaginário. O imaginário funciona dessa maneira muito forte, com essa antecipação, que para uma criança desta idade, com esta maneira de se articular aos contos, é atípica. Tens que ler para mim o mesmo livro e fica meses com ele até 'encher o saco'. Tem que ler este e não outro. Parece um intento de grudar-se com o significante para depois poder desgrudar-se da pessoa fazendo um deslocamento para o texto. O ponto é que tampouco fica destruída a sua capacidade simbólica, mas parece que vai se acomodando.

Mas é claro que são situações de muito desamparo, como na situação do tapete. Esse é o ponto: psicanaliticamente entramos na demanda ou não? É uma intervenção psicanalítica ou não? Ou poderíamos dizer que é prévia a intervenção psicanalítica de favorecer a transferência para poder trabalhar psicanaliticamente? Aí estão duas linhas: para Melanie Klein, por exemplo, parece uma "brutalidade" ir diretamente ao fantasma no início, sem preparar o terreno; a maneira mais freudiana é conquistar a criança pela boa disposição, que ele venha e trate de ser útil.

É claro aqui o jogo dos significantes, penso que estão falando do significante do segredo da mãe e do secretário. Vamos ver o que quer dizer secretário segundo os semantólogos. Quer dizer que guardam os segredos. Os secretários, secretárias conhecem os segredos dos chefes e esta é a idéia sobre as secretárias, de que conhecem coisas que os outros não conhecem. Por isso são perigosas as secretárias. Mas é muito conhecido o fato que, quando se conta um segredo, se diz também para quem escuta que não diga coisa nenhuma do que ouviu. Ou seja, diga e está significando para o outro que não vai respeitar o segredo do segredo, vai revelar o segredo. O segredo tem sempre um pouco de situação traumática, tem um pouco, como dizia Freud, de energia não ligada. Tentou ligar e contar para o outro. Os segredos não têm a possibilidade de se manter. É interessante, ele sabia algo do segredo da mãe e se apresentou como secretário, ele vai guardar os segredos finalmente. Isso é muito para ele, por isto tem esta hiperatividade, temos o termo hiperativo, como disse o neurologista.

Outro tema que está colocado em ato, que sempre é um por um, é o que acontece com os pais na análise de uma criança. Quais são os limites, tem que haver uma participação ou não, se entram os pais ou não, se é imprescindível essa participação, por exemplo. Esta mulher, pela força da transferência, está quase pedindo análise para ela ao mesmo tempo, ou para toda a família. Poderíamos questionar se isso tem a ver com uma ideologia "psi" sistêmica. A terapia familiar que acredita que tem que fazer sistematicamente, que tem que trabalhar com a família em conjunto.

Maud Mannoni vai trabalhar isto com articulações diferentes. Em muitas ocasiões, por exemplo, a mãe fica junto, noutras, o filho fica só, noutros momentos fica só a mãe. Aqui temos um pai ausente, mas pai ausente é pai, a marca fica igual mesmo que seja uma merda, que seja ausente nos manejos econômicos. Tem este adjetivo de pai ausente, mas é pai. Com o parceiro da mãe ocorre algo semelhante, não acredita nele, não o ama, mas não é desconhecido. Há três anos que não tem laço com ele, mas está aí.

Gostaria agora que falássemos conjuntamente. Fiz algumas observações gerais. É quase o que acontece com as prévias do que seria a instalação da situação analítica.

P: Em vez de trauma ou fantasma, não poderia ser trauma e fantasma?

R.H: Lacan diz pendulação do trauma ao fantasma. Se acontece a pendulação, pode-se deter o pêndulo num dos pontos. Quando Freud trabalha o texto *Uma criança é batida*[37] diz que estas crianças não foram batidas, não leram textos de contos onde acontecia o espancamento das crianças, não estavam no meio onde isto era comum e o fantasma surgiu da mesma maneira, inclusive em sintomatologias diferenciais. Aí temos um princípio de resposta de como isto não depende da história empírica e tampouco é um relacionamento direto entre fantasma e sintoma, porque se é uma sintomatologia diferencial, quer dizer que não tem, por exemplo, um fantasma histérico. Nos casos de psicastenia, nos casos de histeria, o fantasma existente era "uma criança é batida", com preferência à masturbação. Aí temos outra maneira,

---

37 FREUD, S. "Uma criança é espancada. Uma contribuição ao estudo das perversões sexuais." In: *Obras Completas de Sigmund Freud.* Edição Standard Brasileira. Rio de Janeiro: Imago, 1976. Vol. XVII, p. 225-7.

outra gênese que não tem nada a ver com a história. Neste sentido, o que Lacan chama o mundo do fantasma no *Seminário 14, A lógica do fantasma*[38], este é o nosso trabalho, este é o campo da psicanálise, o que ele chama o mundo do fantasma.

Essa é uma maneira de não se privilegiar tanto a história, mas as condições do gozo e a maneira como se repete, e aqui evidentemente ele repete: boca suja, ataca, denigre, bate, mas bate para ser batido, numa interversão do fantasma. Penso que não seria ou trauma ou fantasma – não gosto destas disjunções – mas disse que o mais importante é o privilegio do fantasma.

P: Minha pergunta era por aí mesmo. Eu queria saber se chegavas nesse ponto onde o privilégio é o fantasma, que foi o que também pensei.

R.H: O fantasma que nós escutamos, como diz Lacan, fabrica a realidade; colocado em ato, fabrica a realidade. Não há possibilidade de isolá-lo como se fosse um conteúdo "mental", está desenvolvido na realidade, colocado em muitas situações insistentes. É neste sentido que Lacan diz este enunciado tão brutal que a realidade é o fantasma. O menino vem confirmar isso, a realidade se fabrica. Não é que vivemos no mundo do fantasma e ficamos fantasmatizando o tempo todo, senão que a força do fantasma gera a realidade de cada um. Neste caso, penso que isso está muito claro.

P: Há um momento em que a mãe pede à analista que vá ao encontro da outra psicanalista e você já assinalou que a transferência era com ela, mas também aí não há alguma coisa do que ela disse: eu abdiquei dele, não quero mais ser mãe dele e vou encontrar uma outra pessoa que faça este papel? Encontrar nela uma pessoa que assuma este papel, porque a mãe abdicou dele?

R.H: Acho que não é um papel para querer. A "rainha" não é rainha o tempo todo, também pode cair deste lugar de "rainha", desta implicação. Que é ambivalente em seu papel de mãe, não temos dúvida, está dito, mas há um vai e vem. Não diria exatamente que rejeitou. Porque rejeitar é rejeitar, como por exemplo deixar na rua, mas esta outra forma é de elaboração simbólica, onde ela tem este significante que a representa. Parece que tem estes momentos de especularidade – tu és feio, tu és feia –, não só psicologicamente a mãe entra como uma criança, mas está noutro registro, ela se coloca num registro imaginário, que se espelha. Neste ponto ela não tem de onde tirar a

38 LACAN, J *Séminaire "La logique du fantasme"*, 14. Aula de 14/06/67 67, versão M. Chollet, inédita.

possibilidade de suportar as agressões, então devolve as agressões como tais, como objeto pulsional, no sentido kleiniano. Mas é bastante verdade isto de metaforizar e devolver outra coisa. Isto se chamaria função materna. Não é igual que receber a agressividade e devolver como agressividade. Mas não sei se aí ficariam dúvidas. Quem sabe quando recebeu o encaminhamento, o quanto não se sentiu abandonada com este encaminhamento. O quanto não pode ser uma reprodução. Ela vai, coloca seu segredo e é abandonada, ou seja, também fabrica a realidade, também é o fantasma. É mandada embora, mas consegue voltar. Tem um pouco da posição de heroína nesta mulher.

P: Este voltar parece para que é voltar primeiro com o filho na frente e depois ela nessa continuidade. Dar lugar ao filho ao contrário de abdicar dele neste ato?

R.H: Claro, volta com o filho, por isso não é uma rejeição atuada. Inclusive é uma elaboração, é um significante que se coloca dizendo que não quer, que não suporta mais o filho. É uma maneira reduzida de explicar isso, mas quando brigamos com um filho, nós sabemos que estamos brigando com ele, mas então dizemos, por exemplo, para a mãe: olha o que fez o teu filho. É o objeto da mãe e não tem nada a ver comigo. É uma maneira de funcionamento da dinâmica triangular. Neste sentido não são as minhas identificações e sim as tuas, olha o que fez o teu filho.

P: É interessante que este menino começa a ter relações com os adultos. A diretora, o professor de computação, a professora de filosofia. Não estabelece relação com crianças.

R.H: O que te surpreende nisto, o que achas?

P: Surpreendeu no início, quando ele fala que vai ser o secretário. De certo modo é uma posição de adulto, para ajudar, seria diferente se ele dissesse eu posso brincar aqui na sala, mas não é o que ele diz; o que ele diz é vou ser o seu secretário, falou de uma posição de adulto.

R.H: Eu estou me lembrando de como ele foi exigido quando a mãe se prostituía para que ficasse com sua irmã. Aí tinha que fazer uma sobreadaptação. É interessante, porque parece que foi "adultizado" prematuramente, e depois, quando tem que ingressar como criança, ele não encaixa nas escolas, ele é expulso, aparentemente por uma conduta "inadequada". Por isso ele já diz de saída: "Eu já estou noutra". Paradoxalmente é como dizer: eu já estou "adaptado". Recordo a ideologia da escola – se não der certo tem que ser expulso. Mas podemos pensar, inversamente, como fica a situação dele quando a escola diz que não é adaptado. Esta é a ideologia própria do convívio, vamos dizer assim, da fratria. Os parceiros dele são os deslocamentos dos irmãos. Ele, de alguma maneira, não fica encaixado numa fratria. Ele ficava só todas as noites, como um pequeno homem que tinha que ficar com a irmã, encarregado de cuidar. Neste sentido, a mãe o deixava como secretário, fazendo o encaminhamento para que ele cuidasse da irmã e do lar.

P: Tenho a impressão que ao mesmo tempo em que ele faz esta demanda de ser o secretário, foi ocorrendo outro aspecto, que foi o fato dele começar a dormir naquele tapete. Pensar que era menino de novo. Quando ele ficava sozinho com a irmã no colo e tinha esta pressão, este medo da mãe.

R.H: Se é medo não sabemos. Aí não tem medo, ainda que inversamente esteja dizendo que é dono da situação.

P: Sim, mas o fato dele dormir com a possibilidade de vivenciar algo que naquele momento era impossível.

R.H: Pode ser, mas temos que ver que é uma repetição. E este é o ponto indefinível do que acontece com as crianças. Se ela vai viver o que não viveu, aí não se está jogando com a idéia psicanalítica da repetição. Como diz Freud, como vamos falar de uma segunda edição se a primeira não foi esgotada ainda? Aparentemente, é em função do que não finalizou no desenvolvimento de uma criança, não terminou aparentemente este acolhimento, este tapete mais o cobertor, este calor de mãe. Será que ele não recebeu ou é uma demanda onde ele reproduz uma situação da vida inteira? Ser acolhido em todos os sentidos, ter uma mãe que se ocupe dele. É por que isso aconteceu ou por que isso não aconteceu? Não temos elementos para saber. É uma repetição do que aconteceu ou temos que complementar com o que ele não tem como referências vitais? Para mim é indecidível. Como sempre, a questão é trabalhar com o que temos. O material não dá para dizer qual dos dois posicionamentos é certo. Mas, se quiserem ir pelo lado do fantasma, ele tem condições para pedir isto. Gerou muito bem uma realidade em torno do fantasma em que isto se concretizou. Foi ele que viu o tapete, foi atrás, começou a montar a cena. A montagem da cena foi feita por ele. Alguma coisa há, não é somente uma pequena besta boca suja. Surpreende este momento em que parece uma criança terna, não um ser primitivo como parecia inicialmente. Se queres marcar este trânsito, podemos dizer que o movimento no início do relato da analista, até o momento do tapete, vai marcando uma evolução, isso é evidente.

P: Mas neste aspecto, não é tanto o que foi dado a ele, mas como ele vai montando essa possibilidade, esse espaço de acordo com o que ele está fazendo, escolher o lugar, ser secretário, como ele vai construindo isto.

R.H: Esta é outra maneira. O secretário vem porque ele se oferece. Quer dizer que ele estaria como alguém que vai mais escutar a demanda do Outro do que fazer demandas, porque do secretário se demanda: diz isso, faz aquilo. Ele vai se colocar, neste sentido, como instrumento para a demanda, para aparentemente ser utilizado. Provavelmente há uma mudança, pois com o pedido se pode deitar no tapete, aí ele é quem tem que demandar.

P: Como a psicanálise lida com o fato de que não é o desejo da criança de fazer análise e sim o desejo dos pais de levar, que idéia tens disto?

R.H: Sabes que temos que tomar um por um esta decisão dos pais. Aqui não é tão assim, não parece uma resistência do menino. Aí temos tecnicamente muitos truques. Alguns dizem que entra pela força, suporta-se a agressividade e a violência da criança e insiste-se neste sentido, sem fazer uma devolução literal, ou deixa-se que fique a mãe ou que fique o pai, e neste sentido eles têm que sustentar a análise. Este fato é distinto no adolescente.

P: Mas é tão distinto assim?

R.H: Na minha experiência, sim. Esta afirmação de Lacan, de que nós temos que sustentar sistematicamente o ponto inicial de que tudo depende do desejo do analista, na minha idéia, este é o pivô da transferência. Se o analista está efetivamente decidido, se não sente culpa, se não pensa que a criança é uma pobrezinha que está chorando, quando na realidade a criança está num momento terrível e se diz vai, vai embora porque a sessão é impossível, se diante disso o analista fica tranqüilo, transmite esta tranqüilidade, então poderá sustentar a transferência. Se não sabe que estas são variáveis perfeitamente legítimas e esperáveis da análise, se acha que vai fazer algum dano porque a criança tem "ataques de choro", se começa a vacilar, não sabe se a criança vai entrar ou não vai entrar, se tu tens uma idéia de que vai fazer danos, então não tem condições de suportar uma criança em análise. Neste sentido, se o analista fica convencido de que vai fazer um bem e que não vai causar danos à criança, a criança pode perfeitamente se opor, podem ser meses que não entre sozinho, por ser muito pequeno e querer a mãe, mas vai ficar. Se, por outro lado, tu não sabes efetivamente o que acontece, a criança não entra sozinha.

P: É possível analisar a criança sem a análise dos pais, no sentido de que são os pais que transmitem a educação?

R.H: Depende, mas geralmente é possível. Os kleinianos trabalham assim. Aberastury é uma kleiniana, não sei se vocês conhecem, diz para os pais que eles têm que trazer a criança, aguardar até o fim da sessão e, chegado o momento, fazer o pagamento. Este é o lugar dos pais. Colocar a questão de maneira tão direta assim é mais kleiniana do que Melanie Klein – levar a criança para a análise, a criança entra e os pais têm que aguardar.

P: Existe algum controle dos pais?

R.H: Estou dizendo que isto tem que ser feito um por um, não há porque se fechar nesta maneira que trabalha Arminda Aberastury, não há porque realizar isto sempre. Nem tampouco sempre os pais vão vir, mas em algumas ocasiões tens que dizer que cada um vá se analisar na sua análise também.

P: Fico pensando na condição da transferência do analista com a criança e ela sabendo que o que ela disser na análise, os pais no seu controle, vão ficar sabendo.

R.H: Aí teríamos que ver e entrar em muitas alternativas técnicas, pois como sempre a questão da singularidade é fundamental.

P: Tem que fazer controle com os pais?

R.H: Que é controle?

P: Esse encontro com os pais?

R.H: Por que pensas isto?

P: Alguns analistas analisam a criança, mas têm encontros de controle com os pais da criança.

R.H: Talvez esta regularidade...

P: Não falo de uma regularidade, mas desta transferência com a criança. Pode haver isto?

R.H: Transferência com a criança?

P: Não, é como funciona a questão dos pais com a criança e o que a analista e a criança fazem.

R.H: Isto tem a ver com a circunstância, não se pode dar uma resposta direta. Com relação aos pais, tem duas coisas. Estão em análise ou não estão. Por exemplo, têm condições de falar do que acontece fora deste encontro? Ou se vem os dois, ou vem só um, muitas vezes vêm os pais, os homens, quando vêm fazer pagamentos, vamos supor. Não vão vir nunca, mas sustentam com o dinheiro. Bem, são obrigados a vir? Não. Então depende das circunstâncias. Há pais que vêm e dizem que já têm muita análise, que não querem mais falar com a analista. É uma entrevista e tchau. É para se pensar também nisto. Não poderia dar como resposta uma maneira invariável. Na evolução da minha clínica não posso dizer que é invariável.

# APRESENTAÇÃO CLÍNICA 5

X: Vou relatar o atendimento que estou realizando com uma mulher de 28 anos que procurou o tratamento juntamente com o marido, ambos dizendo não saber se era para os dois, para cada um deles ou para os filhos de cada um. São casados pela segunda vez e ambos têm um filho do primeiro casamento. Cada um tem um filho menino que quando começou o atendimento estavam com 4 anos e agora estão com 5.

RH: E quando começou o atendimento?

X: Setembro do ano passado. Conversei primeiro com o marido, eles combinaram assim, de ele falar primeiro e depois ela, numa mesma sessão inicial, numa entrevista. Ele ocupou quase todo o tempo e combinei com ela uma outra entrevista.

RH: Inicialmente foi com o casal então?

X: Não, eles decidiram um falar de cada vez. Ele falou primeiro, mas sobrou pouco tempo, eu combinei uma outra conversa com ela. Dessa conversa com ela começou o atendimento com ela: nem do filho dela, nem do marido, nem do filho dele. Ele, mais tarde, fez uma tentativa, chegou a marcar uma entrevista comigo, mas não retornou; fazia uns três meses que ela estava em atendimento comigo, mas ele não retornou e ela continuou em atendimento. Nessa primeira conversa com ela, ela estava angustiada por não saber o que fazer com seu filho e reclamou do enteado. Se irrita bastante com o enteado e isso durou várias sessões falando do comportamento do enteado, mas também do filho. Falou ainda do comportamento da ex-mulher do marido. Em várias sessões ela se queixou de quase todos os membros das relações familiares. Nessa primeira entrevista com ela, ela disse que uma das primeiras preocupações dela com a criança é que até hoje esse menino dorme com ela.

RH: Com ela?

X: Com o casal. Dormia desde o nascimento com o casal e durante a separação de seu primeiro marido, quando essa criança tinha dois anos, diz que o menino, por decisão própria, nesse momento da separação, largou as fraldas, não quis mais chupar bico, não quis mais tomar mamadeira; depois voltou a fazê-lo porque, segundo seu relato, era ela que estava tentando fazer com que ele parasse de tomar mamadeira. Nessa ocasião da separação, ela estava adaptando-o ao berço e quando se separou, desmontou o berço e colocou-o a dormir com ela. O menino, vendo o berço desmontado, chorou muito, sentiu por ela ter desmontado o berço. Quando ela contou essa história, disse que atualmente deita com ele no quarto dele para fazê-lo dormir e ele só dorme beliscando o seio dela. Nessa ocasião, chamou de "bebica" a ponta do seio dela. Depois que ele dorme, ela vai para a cama dela e deita com o marido, mas por volta de 02:00 ou 03:00 horas da madrugada a criança sai da própria cama e vai para a cama do casal e deita-se enroscado nela e ela não percebe a chegada dele. Não acorda e nem se dá conta. Eu comentei que o filho estava incorporado a ela e ela disse que ela ainda não o pariu, no sentido emocional.

RH: Ela disse isso angustiada, dando conta de uma coisa óbvia?

X: Ela estava assustada por estar dizendo.

RH: Pela tua colocação?

X: Não, por ela estar dizendo. Nessa primeira conversa ela estava bastante emocionada, trouxe muitas questões.

RH: Chorou?

X: Chorou num momento e depois não chorou mais Foi no momento em que falou da decepção dela quando percebeu que a mãe não a ajudou quando do nascimento do filho. Recentemente ela voltou a falar da relação com a mãe.

RH: E o que diz da mãe?

X: Falou poucas coisas, mas disse que a mãe é extremamente rígida, como era a própria avó materna. A mãe era quem a agredia, que batia nela com uma vara de marmelo quando das travessuras, mas também com a mão, dava palmadas. O pai assistia mas não se intrometia nem para incentivar a mãe, nem para impedir. Ela mesma se acha controladora e não gosta de ser contrariada, ela se reconhece bastante nessas atitudes da mãe e da avó. Recentemente ela falou que teve muitas brigas com a mãe na adolescência. As queixas das brigas com a mãe são em razão da mãe preferir um filho do meio que é tratado por Junior; em razão de ser tratado como uma criança. O fato da mãe permitir tudo a esse irmão a irrita. O irmão de alguma forma se aproveita, até financeiramente. Depois chegou a falar de sentir muita raiva. No momento inicial, a raiva era da ex-mulher do atual marido, mas também desse enteado e do próprio marido. A submissão dele diante da ex-mulher, a questão da guarda do enteado, além dessa queixa constante da família e da disputa pelos filhos, tanto por parte da ex-mulher do marido como pelo ex-marido dela. Inicialmente se queixou do atual marido também, mas depois essas queixas desapareceram. Atualmente ela tem um acordo satisfatório com o ex-marido sobre a guarda do filho.

O que ela contou desse primeiro marido e pai do filho dela, é que era alguém extremamente machista e a agredia verbalmente, mas que na hora "H" afrouxava. Ela procurou alguém que não fosse assim, que fosse viril, mas uma das coisas que ela trouxe na primeira entrevista que eu achei bem significativa era que a vontade principal, a vontade maior dela, era ser mãe. Ela diz que procurou alguém macho, viril, com esse papel, porque assim ela estaria em segurança.

RH: Disse por que se divorciou?

X: Ela se diz decepcionada com essa macheza, por essa virilidade não se confirmar. Quando ela falou de que engravidou do menino, disse que o pai esperava uma menina e que ela também esperava uma menina, e que quando fizeram exame e se tratava de um menino, um filho, o marido daquela época a rejeitou, não tocou mais nela a partir desse tempo, do terceiro mês de gestação, não teve mais relação sexual com ela. Quando perguntada, ela diz que se sentiu aliviada, porque era uma relação mecânica. Contou mais ou menos nesses termos: que a noite ele a cutucava e perguntava – Queres hoje?, Queres hoje? Dessa maneira ela não se sentia nem um pouco seduzida e não tinha prazer nessas relações, e com a própria separação se sentiu aliviada. Sobre a criança diz que mesmo querendo uma menina, quando teve o menino a rejeição passou e começou a amá-lo, mas o menino provocou uma reação não só no pai mas em toda a família dele, que esperava uma menina. Ela disse que gostou disso, porque assim ele ficava só para ela. Não precisava dividir com o pai e com a família do pai.

Algumas coisas me chamaram a atenção, por exemplo, que do pouco que falou do trabalho e dos trabalhos anteriores é que nos empregos anteriores ela "tapava buraco", essa foi a sua expressão para dizer que fazia de tudo um pouco. Essa expressão, "tapar buraco", voltou quando propôs para o marido atual de fazer um filho, suprir essa falta que ele tem do filho, de ter a guarda do filho, resolver a questão da guarda que ele também quer muito exercer, ser pai efetivamente. Ela então propôs ter um filho e o marido atual respondeu que não era a favor de fazer um filho para tapar buraco. Numa ocasião em que ela relatou uma situação familiar em relação ao irmão do meio, essa expressão retornou. A mãe a procurou e pediu que ela convencesse o irmão a comparecer num almoço familiar, pois ele convive muito pouco com a família, segundo ela por causa da esposa. Ele recusou-se a comparecer, mas como o compromisso que ele teria, que seria com a família da esposa não aconteceu, ele então foi a festa da própria família atendendo ao pedido que ela havia feito. Ao terminar esse relato disse: "É, na família, um buraco tapa o outro". Então foram três situações, que eu me recordo, que a expressão "tapar buraco" retornou.

RH: Como é contigo?

X: Ela fez uma transferência positiva nessa primeira sessão, contando coisas e um pouco assustada por estar contando, mas aproveitando o momento de poder falar. Depois disso, ela se fechou bastante, mostrou-se bem resistente, não saía da queixa, ela só se queixava e isso durou algumas sessões até que, ao ter o discurso quebrado, aceitou falar de outras coisas, contar o que é essa relação familiar, falar um pouco das coisas dela.

RH: Saiu da queixa ou não?

X: Saiu, saiu por períodos; atualmente, dá para se dizer que tem um período de queixa e de alívio dela, que está mais curto, mas que ainda ocupa metade ou quase metade da sessão.

RH: E você, o que acha dessa metade, quando ela começa a se queixar?

X: Eu começo a fazer perguntas que saem disso, que não se remetam àquela conversa que é factual, do acontecimento, é coisa da semana; ela traz a semana, ela revisa a semana, de início.

RH: Qual é a freqüência da análise, uma vez por semana?

X: É uma vez por semana. Ela saiu de férias e na volta pediu para que fosse quinzenalmente, alegando dificuldade financeira, mas nessa primeira sessão de volta de férias se mostrou assustada com algumas constatações de mudança na relação dela com o filho e também com o marido. Diz que o filho ficou um mês na casa do pai e, voltando de férias, o menino preferiu ficar com a avó (com a mãe dela) a ficar com ela. Em outras ocasiões, ele quis ficar inclusive com outras pessoas menos importantes afetivamente e eu perguntei como se sentiu e ela disse que decepcionada por ela ter expectativa que o menino estivesse com muita saudade e que quisesse ficar com ela, só com ela o tempo todo. Trouxe também uma mudança do marido que teve uma atitude mais ativa, pois ela se queixava do marido, da passividade dele frente a ex-mulher, na questão da guarda do filho dele. Nessa volta das férias ela contou de uma atitude que ela considerou ativa do marido em relação a ela e isso também a assustou: numa discussão de família, deu uma bronca nela, coisa que ele nunca tinha feito.

RH: Então, depois das férias ela fez o pedido de vir a cada quinze dias? Como ficou?

X: Ela falou isso no finalzinho da primeira sessão e eu disse que não achava bom reduzir, mas que poderíamos falar disso. Duas sessões depois tratamos disso, o significado desse pedido. Ela alegou a dificuldade financeira porque estavam entrando com um processo judicial para regularizar a guarda do enteado. Conforme foi falando, ela diz que abriu mão da faxineira, estava abrindo mão ou pensando em abrir mão do atendimento semanal para de quinze em quinze dias, e depois ela mesma questionou que o marido tinha feito despesas extras, porque tinha feito disciplinas a mais na universidade que era paga. Quando perguntei por que ele não cancelava essas disciplinas que fez a mais na universidade ela não teve resposta. Aparentemente ela não tinha se dado conta que era algo para ele, já que o processo era para o filho dele, portanto, que ele poderia reduzir alguma despesa. Diz que estava parecendo que era ela que estava reivindicando a guarda. Depois, falando recentemente, apareceu que a decisão de mover o processo foi realmente dela. Parece que o custo dessa decisão foi movido, assumido, por ela. Ir nos lugares, mover isso, tratar do advogado, ela estava fazendo sozinha. Hoje de manhã ela disse que desistiu, que comunicou ao marido que desistiu e que ele agora deverá ir por conta própria. Para que ele assumisse o processo, para que ele soubesse o que está acontecendo, mas principalmente para que pudesse dizer algo do tipo: "Eu sou marido da Fulana que esteve aqui e ...".

RH: Persiste a questão?

X: Combinamos ficar quinzenalmente por dois meses e avaliar ao final dos dois meses a questão.

RH: Dois messes, quinze dias – quinze dias?

X: Isto! A cada quinze dias por dois meses e depois a gente conversava como é que foi, como é que está.

RH: Por que dois meses? Por que não um, ou três?

X: Foi o que me ocorreu, não sei por quê. Há um movimento dela em desistir do processo, ela não pediu para voltar, mas há um movimento em desistir do processo que era a alegação principal. Mas o que a gente viu nas sessões é que tem esse susto dela com alguns resultados que ela atribui ao atendimento.

RH: Ela diz que é pelo atendimento, por ti ou é tua conclusão?

X: Não. Ela mesma colocou assim, isso a assustou. Em outra época, acho que há uns dois meses eu falei com ela sobre algumas atitudes dela que eu coloquei como resistência, coisas como ela combinar com o marido o que iria ser tratado, como se o atendimento fosse para os dois ou para a família.

RH: Lembremos que na primeira vez que foi estava dizendo isso, não?

X: Sim, ela havia me contado que combinava com o marido o que iria dizer no decorrer da sessão. Quando eu disse que o marido dela havia me procurado ela disse não ter problemas por isso, porque o que ele dissesse estaria combinado com ela e o que ela dissesse estaria combinado com ele. Quando eu falei disso como resistência ela agiu muito infantilmente, tomou uma atitude muito de criança, balançava a cabeça e dizia: Tá! Tá!

RH: Envergonhada ou algo assim?

X: Não, submissa ao dito, concordando prontamente, como se houvesse se comportado mal.

RH: Mais uma coisa: falamos da – vamos usar esse termo – decepção com o primeiro marido, mas não do atual marido. Estou me referindo ao sexo, acho que não falamos, não? O que acontece sexualmente com ele?

X: Ela não conta. Quando perguntei diz que teve, que tem prazer com o marido atual, mas não falando explicitamente sobre a relação e sim falando dele. Ela o coloca como o homem ideal, o marido ideal, do sonho, da novela. Eles se conheceram...

RH: Ideal no sentido independente do corpo ou ideal como sublime?

X: Como Sublime. Ela conta que se conheceram através de um site que se chama "Par perfeito". Ele a localizou e a contatou para um encontro e desde a primeira vez se reconheceram como esse par ideal, par perfeito.

Nessa primeira sessão de volta das férias contou que havia desmaiado e contou que desmaiou na véspera de natal após ter saído do banho, e que durante o banho ela ficou muito irritada porque o telefone não parava de tocar, até mais que um ao mesmo tempo. Era a mãe do enteado tentando contatar essa criança. Ficou muito nervosa e após ter saído do banho desmaiou, tendo sido socorrida pelo marido. Questionada sobre outros desmaios ela relatou duas situações anteriores a essa. Desmaiou quando soube da notícia da morte de um gato de estimação, dado para ela pela avó materna e que quem matou o gato foi o próprio avô, sem intenção; ao dar ré no carro atropelou o gato que estava embaixo. O gato era dela, mas era também muito querido pelo avô paterno, que ficou muito transtornado. Quando ela soube desmaiou e a mãe dela, nesse momento do desmaio, deu-lhe uma chinelada. Segundo ela, o que a família lembra desse episódio quando se reúne, é que a mãe deu essa chinelada dizendo: "você não vai desmaiar agora"; e realmente ela não desmaiou ou desmaiou e voltou a si pela chinelada, se recompôs. Esse foi em torno dos 15 anos e teria sido o segundo. O desmaio anterior que ela lembra como o primeiro, foi com 12 anos. Nessa ocasião, aos 12 anos, o avô materno estava doente, era diabético, havia sofrido um corte que não cicatrizou e estava perdendo a perna e se encaminhando para morrer e a família estava cuidando dele. Certo dia, ela foi com a avó no mercado comprar alguma coisa e quando voltou viu o avô no colo da mãe dela e ela usou o termo "passando" para dizer que estava morrendo. A mãe usou o termo passando e nesse momento ela desmaiou. Esse avô, na primeira vez que falou dele, disse que era seu segundo pai, muito afetivo tal como o pai dela, ao contrário da mãe que é ríspida. O pai era afetivo, a apoiava, a vestia, a penteava, sempre atendeu a suas vontades e esse avô, ele pedia para ela massageá-lo nos pés e na orelha e depois que ele recebia essas massagens, a recompensava com moedas.

RH: É este que estava passando?

X: Sim, é este que estava passando. Ela ficou muito triste, rompeu com o catolicismo, diz que era muito católica e a partir de então rompeu com isso e se revoltou contra o catolicismo.

## COMENTÁRIOS DE ROBERTO HARARI

RH: Histérica decidida! É interessante, indo além do relatório, o que acontece na própria situação analítica. Vamos começar pelo final: depois das férias – e é evidente que tem aí uma maneira de reagir a respeito do luto – dessa separação das férias, quando ela vem para fazer um luto ainda maior. Separação mais marcada, onde ela quer fazer essa espécie de visitas a cada quinze dias e marcar uma distância com o analista. Evidentemente coloca uma coisa que ataca o chamado contrato, em que é necessário fazer um novo contrato. Como vai chamar agora, uma terapia? A cada quinze dias fica muito difícil manter um laço analítico; não sei se como uma maneira de anunciar a sua saída, provavelmente. São típicas situações que o analista é colocado ao pé do muro, em que não sabe se é melhor se colocar com dureza e dizer: "Não, assim não dá certo", ou aceitar uma situação que pode ser uma maneira agônica de ir saindo paulatinamente, como essa mulher propõe.

Temos também suas queixas dos homens, isso de ter que ser forte e que se decepciona, ou seja, para se decepcionar há que se defrontar com um ideal e esse ideal sempre parece que cai, não era isto, ou era só isto. Nessa confrontação aparece muito do nível do desprezo pelos homens.

Não sei se entrou em uma situação analítica, tenho dúvidas, acho que não houve ainda uma retificação subjetiva e uma maneira de provocar essa retificação poderia ser com a famosa pergunta que Freud faz à Dora: "Qual é sua parte nessa desordem que estás colocando aqui? Como é que esta desordem se mantém com a sua imprescindível colaboração". Ela tem muito gosto pelo lugar da vítima. Geralmente isso acontece nas análises em que o analisante é colocado no lugar de vítima, que não escolheu nada do que lhe acontece. Os outros nunca operam como ela gostaria e que sofre por conta dos outros. Eu penso que Freud diria que começou falando o homem, e falou muito nessa primeira entrevista; está falando a parte masculina dela, essa parte viril dela fala muito, e da parte feminina ficou só um pedaço, só um pouco, não tem muito lugar para a fala. Não é tão simples como o marido e ela jogam a sua aposta viril e a sua maneira feminina de falhar a relação sexual.

Pode ser uma lembrança encobridora o que é trazido à maneira de uma genealogia a partir dos avós, muito importante, principalmente essa questão do "passando". Aparentemente era passando para a morte, mas penso que era passando para a identificação. Passando também pela via corporal, pela via erótica, pela via erógena, com as massagens, quase como se fosse um pacto erótico entre os dois. Esse passando também tem a ver com um morrer e ela reage com o desmaio; como diz Freud, um desmaio é uma pequena morte. Esse desmaio é paradoxal porque tem a ver com a queda do sujeito, Lacan diria que está relacionado com a afânise do sujeito[39], mas fundamentalmente com se identificar com o avô, com essa virilidade que ele transmite.

Podemos dizer que se trata de uma erotização da morte, por que não? O outro desmaio também é pela morte, a morte do gato, que foi liquidado pelo avô paterno. Difícil de saber qual é o paterno, qual é o materno. Será que são os avós ou como joga nela a questão da diferença entre os sexos? Especialmente a assunção da sua feminilidade efetivamente controvertida, difícil.

Com o filho tudo parece tão claro, mas se é tão claro, por que é que não fica claro? Daí que dá vontade de fazer intervenções psicológicas. Por exemplo, dizer: "...não é bom você dormir na mesma cama, tem que sair daí, tem que fazer..., isso é traumático, excitativo"; algum tipo de intervenção orientativa dessa natureza, quer dizer, não psicanalítica.

O homem está posto em consideração, porque quando o homem faz alguma coisa potente, como faz o analista, aí parece que joga paradoxalmente uma insuportabilidade. Se ela diz que foi potente, se a partir disso reconhece efeitos, ao mesmo tempo tem que se afastar dele, porque fica apavorada com isso. Não suporta toda essa potência, precisa reduzir pela metade, através dessa questão da redução das sessões. É interessante como também consegue, de alguma maneira, gerar ciúmes no analista com a questão das despesas, o que vai cortar de despesas e o que vai manter, como o investimento nas disciplinas. Diante disso, a sugestão do analista é: por que outro e não eu? Por que preferes esse investimento nas disciplinas, por que não investir esse dinheiro na análise, que não é dinheiro e sim libido?

Evidentemente, é a pouca libido que ela coloca no relacionamento com este homem. Tenho dúvidas de que as coisas funcionem muito bem com esse novo marido. A consulta inicial foi aparentemente pelo filho, um filho sintoma. Não ficou muito claro para mim, não sei se ficou para vocês, se

39 LACAN, J. *Seminário 11. Os quatro conceitos fundamentais da psicanálise*. Rio de Janeiro: Jorge Zahar, 1979, p. 207.

realmente o filho tem algum tipo de sintoma, sintoma neurótico; parece que o neurótico seria o laço com ele, mas não que seja uma criança neurótica. Este é um ponto importante, porque não fica claro o assim chamado motivo de consulta. Vêm os dois, o pai e a mãe, supostamente para uma consulta por uma criança. A partir disso, o analista tem que fazer uma reorganização do motivo da consulta, e ver se ela entra numa tarefa analisante. Penso que ainda não entrou numa tarefa analisante. Não sei se poderá entrar.

Trazendo uma questão técnica, quando começa com esse tipo de queixas, uma possível atitude para cortar o gozo da queixa, seria uma atitude quase como uma piada: "Não, mais uma vez isso, não. Hoje poderias falar de outra coisa". Cortar assim esse gozo no qual ela quer manter uma situação, aparentemente, sob controle. Tudo ficaria sob controle e mais, dá a entender que a princípio não tem problema; também não sei se aparece algum ato-falho. Qualquer analisante poderia dizer: hoje vou falar disso ou daquele outro, tentando dizer que não existe associação livre. Se o analisante vem com algo já preparado, pois bem, fale desse preparado, e algum ato falho vai aparecer. Então, a temática não é importante. Mas, apesar disso, o que quer a analisante, aparentemente, é ter tudo sob controle. É uma mulher que procura ela colocar a lei. Por isso eu estava questionando o porquê de dois meses, por que não um? Porque é uma lei arbitrária e, se quiserem, isso denuncia a arbitrariedade de toda lei. Se for aceita fica oculta a questão da arbitrariedade, mas é uma arbitrariedade; não quer dizer um erro, mas uma arbitrariedade. Nada indica que tem que ser assim e por isso a minha pergunta, se isso traz alguma garantia, algum efeito na direção da cura. Este fato indica que este outro está no lugar de submissão a respeito da lei que ela coloca e, finalmente, se ela faz a lei é difícil aceitar a lei da castração. Seria interessante dizer: "Assim eu não trabalho, não vai dar certo a cada quinze dias, se queres vir é toda semana, senão, não sei...". Aí seria colocá-la no lugar de escolha, de decisão. Poderia cortar assim a posição de ir colocando ela uma legalidade própria, de quem está acima da legalidade, ao tentar colocar o homem no analista. Não estou falando somente da terapia, não sei se análise, mas também da questão de como jogam os sexos e de como estão jogados na situação analítica. Para não enfrentar o luto da separação das férias e da potência do analista, busca esse controle. Daí a urgência dessas definições.

É neste sentido que é uma histérica decidida e não uma histeria com recalque. Há uma caractereopatia histérica, em que os sintomas são aparentemente a questão dos desmaios, se não a irritação, a intolerância, podemos dizer, e a decepção. Mas aí estamos nos remetendo a traços caractéricos. O que quero dizer é que, além disso, temos uma caractereopatia histérica, arriscando apressadamente uma condição diagnóstica, em função de que ela coloca em cena a clássica caracterização de Lacan, ao colocar um amo no lugar do analista, mas que, a respeito desse amo, procura reinar sobre ele[40]. Por isso a posição do analista passar pela sugestionabilidade: "Faça o que quiseres, mas para a análise tens que vir toda semana". Ela é confrontada com uma decisão que já está sugerida: aceito ou não aceito? E o dinheiro? O analista colocar-se num lugar de sugestionabilidade, esse fator importante na transferência; não a hipnose, mas a sugestionabilidade tem que jogar aí, não para impor, mas para sustentar a análise. Esse é o ponto que acho que não está em jogo: ela colocou este homem na figura do analista, mas agora vem colocar a sua própria legalidade. Que funcione com a sua própria legalidade, e não com a legalidade que o analista pede até agora.

Não sei qual será o destino, não estou para fazer adivinhações, mas sim para fazer com relação a esse ponto o exercício da fábrica de caso, especialmente para assinalar este ponto de urgência; se bem que, em geral, os analisantes que são trazidos a esta nossa tarefa estão num momento ou numa situação crítica. É importante pensar por que a escolha de um determinado analisante e não de outro. São, em geral, os que trazem problemas e que o analista fica numa situação posta em questão, desrespeitado, colocado numa situação de que tem que decidir alguma coisa. É nesse sentido que quero escutar mais alguma coisa sobre esse lugar fechado do relacionamento entre analista e analisante. Eu acho que esses são os pontos mais importantes da estrutura, que vão além de todo o relatório das situações da atualidade, como dizia bem o analista. Especialmente o que trouxe dessas questões dos dois avós, que eu acho que são as mais determinantes para ela. Quanto às imagos paternas (os avós), não tem nada a ver com o pai, mas sim com estes que ela nomeia como pai e que tem a ver com os desmaios. De alguma maneira, os desmaios aparecem como uma marca de fábrica, uma genealogia, um per-

40 LACAN, J. *Seminário 17. O avesso da psicanálise*. Rio de Janeiro: Jorge Zahar, 1992, p. 122.

tencimento familiar. A maneira como reage e passa, trazido pelo significante que eu acho importante: "passando". Não é entre a vida e a morte, mas entre o homem e a mulher; a maneira bissexual que tem essa mulher. Já no momento de sua apresentação, com o homem perto dela e que falou muito mais que ela.

Poderíamos seguir, mas eu gostaria agora de falar com vocês.

Queria dizer ainda que em nossa atividade utilizamos esse artifício em que o analista depois de apresentar o caso, não fala mais, não por uma interdição, mas para que tratemos de trabalhar clinicamente somente com os dados que contamos, não podendo aprofundar mais os dados que sempre faltam. Sem dúvida que poderia falar horas e sempre haveria questões sobre as quais poderia trazer esclarecimentos. Não é isso, mas sim um exercício clínico que trata de trabalhar somente com o exposto, sem possibilidade de pedir para o analista que complemente o que expôs. É nesse sentido esse limite. Ele caiu de seu lugar falando e oferecendo para nós o seu caso. Agora sim, escuto vocês.

P: A mim ficou uma pergunta a respeito de algumas características histéricas e, pareceu a mim que teu comentário era de que elas suscitassem uma vontade de fazer intervenções psicológicas. Isso seria a transferência, como se lida com a transferência ou seria a maneira dela, de uma caracteropatia histérica?

RH: Sim, poderia perfeitamente gerar a vontade de dar conselhos, que a demanda seja por conselhos, mas esse é precisamente o ponto do amo a respeito do qual reinar. A rainha, diante do amo, monta situações em que o conselho, aparentemente, "sai sozinho", muito óbvio. Pode ser que você dê os conselhos e não dê certo. Essa mulher não deve mais dividir o leito com o menino, ou ela pode fechar a porta do quarto... Esse tipo de bobagens empíricas. Ela sempre pode dizer: "Procurei, mas não resolveu, ainda não deu certo. Ainda não tenho condições de fazer isso, ainda me dói muito deixar o menino". Tu e tua palavra ficam completamente reduzidos, e serve também para não entrar na tarefa analisante. Sem dúvida que todos os analisantes pedem conselhos e prefeririam, neste sentido, que o jogo fosse feito pelo analista, pelo sugerente, mais que pelo analista. Aquele que se articula com a castração, que não dá conselho, é o analista e não o analisante. O analista corre o risco de dizer coisas assim, "Tu faz isso e vais ficar bem", como faz o médico quando dá uma receita. Estava me referindo a isso, à questão conselheira, psicológica.

P: Eu fiquei pensando em relação à tua pergunta: Por que dois meses? Por que dois meses que ele daria para ela se implicar com a análise ou não? E aparecem esses dois meses quando o marido solicita uma entrevista, dois meses depois dela iniciar as sessões aparece o marido. A questão dos dois entra numa cadeia significante, na medida em que entre os dois está o filho também. Entre os dois sexos está ela na decisão de sou homem ou sou mulher. O que você poderia dizer sobre isso?

RH: Interessante isso que tu dizes como derivação. Isso voltou ao analista como proposta. É importante o número dois, porque ela queria vir também duas vezes em cada mês, pois a cada quinze dias também são duas vezes. Alguma coisa joga aí, mas nós poderíamos dizer também, os dois com o falo/filho. Vamos inclusive trabalhar isso no próximo seminário: um filho falificado. Estão os dois marcados por uma terceiridade, marcado pelo lugar dado pelo filho. Mas a pergunta tendenciosa era marcar que aí aparece com muita clareza a arbitrariedade da lei. Para ser mais rigoroso, não seria da lei, mas da norma. Se nós reservamos o termo lei para a castração, que marca a diferença entre os sexos, o arbitrário é a norma. Quando trabalhamos com os analisantes ou entre nós analistas, como agora vamos trabalhar durante uma hora esta apresentação clínica, é uma norma, é arbitrário. Por que uma hora? Por que não meia, por que não duas? É arbitrário, aceitamos, temos que ter alguma referência, mas não é natural, quando chega a pergunta de por que isso e não outra coisa, essa pergunta descentra. É fazer aí o que não tem fundamentação. Não é uma crítica, e sim que temos aí um fundo de indeterminação a respeito da normatividade. Pode-se dizer que isso é uma criação da cultura, tem todas as notas próprias da cultura: arbitrariedade, contingência, provisoriedade, não permanência. Evidentemente, aqui não temos a famosa referência do analisante de um por um. É evidente que é assim, que tudo é um por um, mas aqui o fato de fazer esse estabelecimento, de obter essa resolução de vir a cada quinze dias e depois fazer uma avaliação, na minha experiência é difícil e provavelmente haverá uma crise e poderá voltar a fazer semanal. Mas também poderá acontecer de pensar que "Se é possível fazer assim, porque teria que voltar a fazer semanal?" Quando faz essa pergunta, delata a arbitrariedade da norma. De outra maneira ainda, pode dizer: "Se no tempo de férias não estive em análise e não morri, porque tenho que seguir a análise?" É o modo de levar para a normativa e assim não fala do desejo. É muito distinto de dizer tenho vontade, tenho saudade, queria voltar. Outra é levar a um ponto obsessivo. O obsessivo está constantemente, mais que o perverso, tentando marcar a arbitrariedade da normativa. O perverso, além disso, também fala da arbitrariedade da lei da castração. Em geral, está relacionado, na vida cotidiana, com uma pergunta inocente: Por que tem que ser assim? Por que não pode ser de outra forma? Aí fica a norma nua, sem fundamentação – Por que não, por que não? Quando encara a proposta sexual, o neurótico diz não. Por que não? De alguma maneira, alguma coisa perversa foi colocada, por isso estou associando com a perversão. Não diretamente uma perversão sexual, mas no sentido literal, procurando perverter a normativa que o analista colocou, no sentido de desafio. Assim, penso que é um caso muito interessante para ver as dificuldades que surgem a partir disso.

P: No seu discurso eu entendi que a questão do desmaio poderia estar ligada com questões genéticas, hereditárias, enfim. O senhor falou isso? Me corrija se eu estiver errada, por favor.

RH: Não genéticas, mas poderia entender uma gênesis, enquanto uma pertença familiar.

P: Será que não poderia se fazer um paralelo aí, até corroborando com a questão da histeria, que quando ela desmaia seria para chamar a atenção, como faz uma boa histérica? Tanto que parece que ela controla o seu desmaio, pois quando ela desmaiou a mãe dela deu a chinelada e ela imediatamente voltou do desmaio, ou, mais precisamente, não desmaiou. Então, o quê que o senhor poderia estar falando a respeito?

RH: Eu acho que aí tem a diferença estabelecida por Freud entre o benefício primário e o benefício secundário da doença, ou melhor, do sintoma. Bom, o secundário, na histeria, é sempre algum tipo de "exploração" do impacto nos outros. Você sabe que, nos histéricos, o único benefício que entendem do sintoma é o benefício secundário, não pegam o gozo do benefício primário, que é a maneira como o desejo se cumpre. Daí que Freud considerou os dois, e sua inteligência o levou a dizer que temos que pegar o primário e o secundário.[41] O primário é mais latente, menos notório, não tem essa

41 FREUD, S. "Conferência XXIV: O estado neurótico comum". In: *Obras Completas de Sigmund Freud.* Edição Standard Brasileira. Rio de Janeiro: Imago 1976, vol. XVI, p. 441-56.

força de impacto que tem o secundário, que sempre tem o envolvimento dos outros, é a maneira de incidir sobre os outros. Pode ser que nesse ponto a presença da mãe, das mulheres um pouco fálicas, podemos dizer assim, dessas mulheres que tem um instrumento, tenha a ver aí com o fantasma de fustigamento, de desbancar, mas esse instrumento é um instrumento que tem a mulher. É paradoxal isso. Então, eu colocaria como está em jogo o benefício primário e o secundário. O primeiro de tudo foi aos doze anos, com o avô materno, quando aconteceu o primeiro desmaio. Aconteceu no momento da puberdade, nesse momento da sexualidade física, que nesse momento teve a incorporação do homem – passou – o homem da declaração dos sexos, podemos dizer. Nela há uma declaração fraca de feminilidade, porque passou. Teríamos, nesse momento, o benefício primário, do avô que teria seus preparos com o fantema[42] da sedução: das massagens, do erotismo; aparentemente dívida, por que lhe dava alguma coisa como recompensa.

P: Harari, eu gostaria que você comentasse alguma coisa a mais sobre o luto. Você falou que ela estava apresentando algumas maneiras de reagir ao luto e que estava tentando aumentar esse luto quando ela pediu um intervalo entre as sessões.

RH: Não era exatamente assim.

P: Eu não entendi, se tu puderes falar mais, luto em relação a quê?

RH: Com relação a isso temos a questão da atividade e passividade, que são significantes dela que estão em jogo. É o momento de voltar e também tem a ver com uma normativa. Ela poderia pegar férias em outro momento e se quisesse voltar e o analista não estivesse, não haveria sessões, ou seja, vai ter um ponto em que o fantasma pode ser de passividade, é um ponto em que é do analista a possibilidade de estar ou não. Diante dessa possibilidade, então,

42 O termo *Fantema* é empregado por Roberto Harari para referir-se aos protofantasmas freudianos (*Urfanthasi*) que aludem ao gera : sedução, cena primária, castração, novela familiar e vida intrauterina. Estes dois últimos são somados aos três primeiros em uma nota acrescentada por Freud, em 1920, ao texto "As transformações da puberdade" em *Três ensaios sobre a teoria da sexualidade* [E.S.B. Rio de Janeiro: Imago, 1976, vol. VII, p. 232-3]. Assim como Lévy-Strauss elucidou a presença de *mitemas* constitutivos das mais diversas formações míticas, Harari propõe os protofantasmas como *fantemas*, isto é, unidades componenciais mínimas a partir das quais se articulam os fantasmas em combinações singulares complexas, organizadas e dedutíveis. O autor assinala ainda a homologia existente entre a conotação do termo *fantema* e a estrutura comandada pelos fonemas. [HARARI, R. *Fantasma: fim de análise?* Buenos Aires: Nueva Visión, 1990, p. 20-1]

ela inverte a situação e é o analista quem vai dispor das férias, ele é que não vai trabalhar. Ela reage ativamente e quer gerar o luto no analista, que é o luto das sessões, motivadas aparentemente pelas limitações financeiras, mas não tem lamentações, não diz que não sabe se vai ser possível, não se queixa disso. Isso quer dizer uma normativa que sai diretamente assim, fazer sessão a cada quinze dias. Quem tem que fazer o luto é o outro, aqui é a posição do analista que fica em luto, tratando de se movimentar para impedir isso. Ela não tem essa sensibilidade para o luto, na medida em que transforma ativamente o que sofre passivamente. Não sei se consegui dizer um pouco mais assim apressadamente, mas este é o ponto de não suportar o luto. O luto do Outro, se não acontece não acontece. São assim os laços que consegue manter, e aí reage e se coloca como rainha que está acima do amo.

P: Só uma observação sobre o que o analista falou que ela busca nos homens a virilidade e me pareceu que a virilidade está na mãe. Está nela e não nos homens, e aí essa questão da passividade que também está em jogo.

RH: Lembra que para a psicanálise a atividade da libido, na origem, é sobretudo masculina. Não tem nada a ver com a questão sexual, mas com estar colocada assim. Podemos dizer que é uma mulher ativa, basta olhar o que acontece em todo esse relatório que apresenta essa tramitação em que o marido vem em segundo termo. Toda essa movimentação quase febril foi feita por ela e o homem vem depois. Falo dessa atividade, esse empurrar as coisas. As mulheres que aparecem são mulheres ativas e a presença da mãe especialmente, que diante do desmaio fez com que ela aparentemente reagisse. A mãe tinha o instrumento.

P: Não é a mãe que pede que faça massagem, mas o avô. A massagem como uma coisa bem mais feminina, é no avô e não na mãe. A mãe mostra a força, a virilidade.

RH: É a maneira como ela articula o fantema da sedução. Aí pode ser uma declaração do sexo feminino na medida em que é introduzido de maneira muito atenuada pela sedução do avô. Está em jogo a sedução: um homem que a introduz no sexo, e neste sentido não é homossexual. Tem essa bissexualidade latente, própria da histeria, mas não é homossexual por isso. Essa lembrança pela via do avô materno tem esse sentido.

# APRESENTAÇÃO CLÍNICA 6

X: Trata-se de uma mulher de 52 anos, professora, que chega a mim através de um pedido de outra pessoa, uma orientadora educacional, também do local onde trabalha.

RH: Ela fala contigo?

X: É outra pessoa que primeiro fala comigo, por telefone, e eu encaminho para que a pessoa que quer o atendimento venha falar diretamente.

RH: Ela ligou para marcar?

X: Sim, ligou e marcou. Então vem a professora com uma queixa. Hoje parece haver certa moda ou costume, que a escolarização de crianças com problemas de paralisia cerebral sejam tratados como iguais e na mesma sala de aula de crianças normais. Antes era considerado como turma de diferentes e agora ficam todos juntos. Então, ela vem com a queixa de que tem um aluno, que é um inferno, e que esse aluno, tem problemas graves: grita, esperneia, faz o que quer. Eles têm um armário para guardar materiais de trabalho e o aluno não respeita, abre o armário, tira tudo para fora, joga, depois ela tem que arrumar porque ele não arruma. Ele bate o pé, grita, enfim, diz que é um problema enorme. Diz que procura o atendimento por causa do aluno. Ela não aguenta mais o aluno e, dessa maneira, queria uma forma de conseguir lidar com a situação. É uma pessoa que já tem tempo para se aposentar e começa a se questionar se pede aposentadoria ou não, por causa desse aluno. Mas diz que gosta muito de dar aula e não quer se aposentar, embora, por outro lado, não aguente mais a presença do aluno "rebelde". Isso vai se passando durante um tempo e ela fala desse aluno numa insistência muito grande.

RH: Estás falando das entrevistas preliminares?

X: Sim, ainda das entrevistas preliminares. Ela começa a falar de certo desânimo, de que a vida está perdendo a graça, parece que falava de um jeito meio depressivo. Então, fazendo a diferenciação, já falando quando está no divã, aparece a queixa de que quer se matar. Isso vem de uma história mais ou menos assim: quando adolescente, por volta dos 12 anos de idade, ela estudava num colégio e começou a paquerar e havia uma colega que tinha um namorado, este namorado era muito ciumento, a tal ponto dela ter que sentar do lado da amiga. Explico melhor: o ciúme do namorado obrigava a amiga a sentar do lado de uma parede e do outro lado, uma menina. Não podia ser de outra forma, porque o namorado não deixava. Essa menina reclamava muito do namorado ao ponto de dizer que o namorado era muito ciumento e incomodativo com o ciúme. A mim pareceu delírio de ciúme, depois vocês vão ver se é ou não. Essas reclamações foram aumentando ao ponto de que a moça se dirigiu para a turma do colégio e pediu ajuda. Ela queria terminar o namoro, mas tinha medo. Todas as meninas disseram: "termina, isso é assim mesmo, nós te damos o maior apoio." No dia seguinte, ela foi morta pelo namorado que também se matou.

RH: Por que diz que também se matou?

X: Porque ele também se suicida.

RH: Por que disse também?

X: Ah! Isso foi ato-falho. Mas os dois morrem. Ele a mata e depois se mata. Ela conta que no enterro dela estavam todos, toda a turma, e no enterro dele, não havia ninguém. O futuro namorado dela levou-a no enterro do cara, chegando lá, não havia ninguém, o corpo estava sozinho. Ele insiste em ficar, ela não queria, até que apareceu alguém, meio mal encarado, não os recebeu muito bem e eles ficaram mais um pouco e saíram. Ela se arrepende de ter ido, de ter concordado. Isso continua, ela posteriormente namora esse sujeito, mas fica chateada por ele tê-la forçado a ir nesse enterro. Ele tinha um discurso meio moralista de que tinha que ir nos dois enterros, pois afinal ele já morreu, não se deve julgar, deve-se ir. No meio disso tudo, ela sempre com a queixa de se matar. Com relação a mim, ela faz um jogo muito difícil.

RH: Se matar nesse momento ou durante as sessões?

X: Durante as sessões, é que estou pulando um pouco.

RH: No momento dessa circunstância não teve vontade de se matar?

X: Não. Isso é depois, como não preparei, não tenho bem a seqüência. Isso que vou dizer é antes de chegar nesse ponto que acabei de falar. Ela faz comigo um jogo muito insistente, que eu demorei a conseguir desmanchar alguma coisa e não sei até que ponto consegui desmanchar. Esse jogo consiste de algumas coisas, por exemplo: está no divã e se vira de bruços e cobre a cara. Sei lá, política do avestruz, como se enterrasse a cabeça no divã. Depois, levanta do divã e diz: "Me ajuda, me ajuda", como se estivesse num desespero. Outras vezes, eu digo: "Tchau, até tal dia." Ela diz: "É, quem sabe?" Coisas que agora são risíveis, mas difíceis de trabalhar na situação, bastante preocupante.

RH: Quer ficar quando você finaliza as sessões?

X: Isso, eu ia falar exatamente isso. Quando eu digo "acabou", ela diz: "mas por que acabou? já? não podes me deixar sair assim!" Todo esse tipo de jogo, às vezes juntos e às vezes separados, numa sessão.

RH: Mas resiste?

X: Sim, uma vez saí da sala e deixei-a sozinha.

RH: Mas como foi? Quanto tempo ficou?

X: Eu saí e ela saiu logo atrás. Já tentei trabalhar algumas coisas com ela a respeito disso, porque isso é muito insistente.

RH: Um dado a mais. Quando ela começou?

X: Há uns dois anos.

RH: Isso mudou ao longo dos anos, essa conduta, vamos chamar assim?

X: Sim, mudou, agora está diferente.

RH: Fica deitada, sem olhadas, aceita o final das sessões?

X: Há restrições nisso até hoje. Agora aceita, mas reclamando. Levanta, fica uns segundinhos a mais, tem uma questão marcadamente assim. Ela começa a falar nos entrementes, de uma amiga e que essa amiga é muito amiga, que não tem orgasmo com o marido, que jamais teve, que quando transa com ele, depois se masturba. Tem dois filhos, já adolescentes, e uma amiga. Começa a falar de uma amizade, e essa amizade vai crescendo. Fala da relação que tem com essa amiga, homossexual. Ela tem um caso com essa amiga. Começa a falar que as tentativas de suicídio tinham muito a ver com a amiga, quando a amiga, uma vez, não quis mais ficar com ela. Agora não é mais amiga, é amante. Teve crises de desespero, tomou remédio, mas tomou remédio de modo que a encontraram, não teve nenhum problema mais grave. Já aconteceu por duas vezes, de tomar remédio. Agora ela está bem com a amiga.

RH: Qual foi o risco à sua vida, de tomar remédios assim? Teve perigo?

X: Não. Essas tentativas não chegaram a risco de vida. Ela conta que chega ao hospital, fazem aquela lavagem estomacal e a mandam embora.

RH: Tem que ir para o hospital?

X: Ela vai, se tem que ir é outra história, eu não saberia dizer.

RH: Isso é para ver a movimentação ambiental, não fica sozinha, tem que ter a intervenção dos outros?

X: Movimenta a família, preocupa todo mundo, faz uma movimentação mesmo. Aí ela começa a falar dos casos, porque o problema dela é da relação com o marido, porque o marido está sempre querendo saber das coisas. Quer saber das cartas, que ouve os telefonemas dela pela extensão. Então, comprou um celular para poder falar com a namorada. Aí ele não pode mais ouvir o telefone. O que ela disse é que uma vez ouviu o marido dizer abertamente que tal coisa aconteceu. Perguntou como ele sabia e ele disse que ia fazer um telefonema, pegou o telefone e então ouviu a conversa que dizia isso ou aquilo. Ali não tinha problema nenhum, mas se estivesse falando com a namorada? A partir daí ela começa a cuidar.

RH: Manifestamente, o marido sabe ou não?

X: Não. Manifestamente, o marido não sabe nada e aí está certa paranóia dela, porque ela fica todo tempo querendo esconder tudo. Começa a mudar a queixa, demonstrando uma submissão ao marido. Tudo que o marido quer ela faz. Ela achava que o marido não queria que ela usasse brincos. Um dia ela comprou brincos e usou. Isso foi no começo, porque conversando com a filha, a filha disse que gostava de brinco, a filha a convenceu a comprar brincos, furou a orelha e passou a usar. Um tempo depois, o marido lhe deu brincos de presente. A mim me pareceu que ela coloca essa restrição como vinda dele, mas não é do marido. Eu, muitas vezes, usei o exemplo dos brincos, porque ela quer obedecer ao marido em tudo. O que aparece agora, é que ela estava querendo se aposentar, mas ela vê a namorada na escola em que trabalham. Se ela se aposenta não tem mais como ver a namorada. Então, ela diz que não tem liberdade nenhuma, o marido não deixa levar a amiga em casa, não deixa ir na casa das amigas, quer que ela fique todo o tempo só com ele. Não aceita que ela tenha amizade nenhuma. Quando faz aniversário não pode fazer festa, porque não pode convidar os amigos, as amigas menos ainda, e as amigas do colégio então, ele abomina. Para mim dá a impressão que ele anda sondando, que há alguma coisa. Isso por que ela diz que viu que tinha alguém a seguindo de carro quando saia para ir namorar a amiga, na casa dela. Achou que era o marido, então não foi para a casa da amiga, foi em outro lugar, comprou alguma coisa por aí e voltou para casa. Pelo que diz, parece que o marido não sabe, mas a insistência é tão grande que deixa dúvida, alguma coisa se passa ali. Agora ela está querendo se aposentar e ao se aposentar a amiga disse não acreditar que o marido seja mais forte do que ela. Ou seja, em lugar de ficar com a namorada, a namorada não acreditava que ela vá ficar com o marido e deixá-la. A aposentadoria representava isso. Ela está num grande dilema que é: aposenta-se ou não se aposenta.

RH: O que passou com o aluno idiota?

X: Passou de ano. E mesmo durante o ano, ela já não falava mais tanto do aluno, isso foi andando e deixou de falar do aluno.

RH: É a primeira análise da sua vida?

X: É a primeira, ela não fala da questão sexual, mesmo se eu pergunto, tem que tirar de pinça, tem que puxar. Uma vez eu perguntei, por exemplo, como é que ela transava com a amante. Aí ela fez chacota, que cara de pau a minha de perguntar uma coisa dessas, que curioso, curiosidade do analista. Ela faz muito disso.

RH: E com o marido, não tem perguntado?

X: O marido também, o marido gosta muito de ver filme de sacanagem e aí quer transar com ela, ela não gosta, mas daí inventa muitas coisas, dor de cabeça, dor disso, dor daquilo e fica cansada, dorme. Todo tipo de coisas. Mas isso tem um limite, que segundo ela, ele quer todo dia e quando ela pode, evita, mas nem sempre consegue.

RH: Com ele tem orgasmo?

X: Não, nunca teve, com ele nunca teve, também nunca teve com a namorada. Isso me impressionou que também nunca teve com a namorada, mas diz gostar de ficar com a namorada.

RH: Sofre por isso ou é *la belle indifférence*?

X: É *la belle indifférence*, bastante. Se mostra indiferente, eu tento puxar, resgatar isso, mas ultimamente tem mudado porque ela tem começado a falar das questões sexuais, dela com o marido e dela com a namorada, embora ela esteja afastada da namorada, ela procura a relação de um amor cortês, inclusive com a namorada. Com o marido é uma coisa, como ela diz, mais mecânica. Com a namorada ela procura uma amizade, diz nunca mais ter transado com a namorada e então procura uma amizade.

RH: Faz tempo que não transa?

X: Faz, deve fazer uns dois meses, e aí ela diz que nunca mais se encontrara: "Eu ia na casa dela, mas agora não fui mais. Ela foi lá em casa mas ficaram fazendo bolo, não transamos". Ela vai lá num horário que o marido não está; o marido não pode saber que ela foi lá. Agora ela tem falado alguma coisa das transas dela,mas de forma restrita, acrescentando logo que não tem mais transado. Diz coisas como: "Ah! Não sei, não era para eu estar dizendo essas coisas." Aí faz como se tivesse certo peso por ter dito ou estar dizendo. Já teve certa paranóia em que numa ocasião social eu fosse conhecer o marido. Na verdade, antes que eu fosse ou não, ela apresentou-o. Antes disso, que se eu conhecesse o marido, eu pudesse dizer alguma coisa, que eu pudesse deixar escapar ou coisa assim, então ela tampava a questão dizendo que não gostaria que a sua homossexualidade fosse descoberta; e diz que é por causa dos filhos. Isso ela não quer, não é possível.

RH: O que fala dos filhos? Não tem falado?

X: Ela fala dos filhos, mas também não fala muito. Ela tem um filho e uma filha. A filha já se casou e tem um filho, se separou e se juntou com outro. O pai teve um chilique, disse que não podia e a filha foi levar este outro na casa deles para dizer que iam se casar, o pai disse que não podia, que não aceitava, e depois, por fim, aceitou.

RH: Aceitou quando ela estava na análise?

X: Sim, já estava.

RH: Quando começou com a amante?

X: A amante começou há muito tempo, já há uns vinte anos.

RH: De casada, quanto tempo?

X: Ela casou aos 17 anos, foi o único namorado.

RH: Por que a pressa, foi apressada por alguma coisa?

X: Boa questão. Aí me lembra outra coisa. Ela disse que o pai era assim como o marido, não a deixava fazer nada. Então, um dia ela foi numa festa, foi na festa porque uma amiga não podia ir. Tinha que formar par para dançar a valsa e coisas do gênero e ela, como ainda não tinha namorado, dançou com o namorado da amiga. Ela dançou e gostou, tanto que começou a namorá-lo. Era ele, o marido. Ela ficou com o namorado e até hoje se culpa por isso, que não podia, que roubou o namorado da outra e que não imaginava que isso ia acontecer e aí perdeu a amiga, nunca mais falou com a amiga e casou com o cara, diz ela, porque não aguentava mais a vida com o pai. O pai era um déspota terrível, que se não tivesse casado com aquele que o pai também gostava, ela não podia ter casado com ninguém. Disse que era uma vida muito fechada, muito difícil, e faz uma relação muito próxima a esta restrição que ela diz que o marido a força, de não poder ter amigos, de não poder ter conhecidos, de não poder fazer festa. Telefonar sem que ele esteja em volta, como ela diz. No computador, ele vai lá e abre o e-mail dela. Mas isso não tem senha?, pontuo. "– Sim, mas ele pergunta qual é a senha."

RH: Quer dizer que são 35 anos do casamento?

X: Deve ser, não fiz a conta.

RH: Trinta e cinco anos de casamento e mais ou menos vinte com a amante?

X: Por aí, dezoito talvez.

RH: A história com a amante começou no colégio?

X: Sim, tudo começou no colégio. Na verdade, a vida dela é muito colégio, desde o colégio quando estudava, do namoro.

RH: Este é o único homem da sua vida?

X: Sim.

RH: Essa mulher também é a única?

X: Essa mulher também é a única. Como amante, sim. Ela teve uma outra, que achou que gostava, mas quando se declarou a moça não quis e aí ela ficou amiga dessa outra até hoje. Essa outra também é colega dela e ela também convida para ir na casa dela, mas aí nunca teve nada além dessa declaração. Ela se declarou, mas a amiga não disse nem que sim, nem que não, deixou isso meio de lado e ela notou que ela não queria uma relação assim, e ficaram amigas até hoje.

RH: Tem irmãos, ela?

X: Tem um irmão, ela fala pouco do irmão.

RH: Menor?

X: Menor, mas pouca coisa, um ou dois anos. O irmão é casado, ela tem pouca relação com o irmão. A mãe morreu durante a análise, de câncer, não me lembro em qual lugar. A mãe morreu e teve uma época que ela ficou de luto pela mãe. Ela falava da mãe, do câncer da mãe.

RH: A mãe tinha câncer quando te pediu a análise?

X: Não, não tinha, foi logo depois, uns seis meses depois. A mãe teve o câncer e nuns quatro meses depois, morreu. Eu acho que foi do meio para o final do ano. Morreu no final do ano.

RH: O que dizia da mãe?

X: Ela estava preocupada que ia perder a mãe, que ia ficar só com o pai, que o pai era uma pessoa difícil. Hoje ela diz que visita o pai, mas o marido não quer que ela visite o pai. O marido não gosta do pai. Quando a mãe e o pai iam para a casa dela, o marido reclamava. "Que é o teu aniversário e que ela venha pra cá, tudo bem, mas porque dormir aqui?" A mãe é de outra cidade e quando vinham, os dois dormiam na casa dela. Acabou o aniversário, tem que ir embora. Ele a deixa sempre numa situação muito difícil.

RH: Antes de concluir. Como dirias que é hoje, depois de dois anos de análise, o relacionamento contigo?

X: Acho que a diferença é que ela começou a falar das questões sexuais, embora que ainda muito timidamente. Eu sempre a cumprimentava apertando a mão, e quando a mãe morreu, ela disse que queria me dar um abraço.

RH: Aceitaste?

X: Sim. Aí me deu um abraço, agora voltou a apertar a mão, mas às vezes tem beijinho, às vezes pede um abraço de novo. Quando está chorando e acaba a sessão ela diz: "Você vai me deixar sair assim?". Semana passada, ela disse que sonhou comigo, que éramos namorados. Neste sentido, eu acho que a transferência teve uma mudança.

RH: Como é o sonho?

X: O sonho é que ela estava comigo, éramos namorados. Ela andava comigo num lugar, tipo um campo, e andávamos de mãos dadas. Eu perguntei se continuava e ela disse que não, que acabou, que o sonho era só isso. Eu perguntei se tinha sexo e ela disse: "– Que sexo? Nada de sexo."

## COMENTÁRIOS DE ROBERTO HARARI

RH: É um caso muito interessante. Me remete à insistência de Lacan em dizer que não é semelhante a homossexualidade no homem e na mulher, que não é a mesma coisa.[43] Eu acho que é uma homossexualidade e não uma histeria, muito em particular a insatisfação constante, também jogada na transferência. Constantemente o analista dá pouco. São claros os exemplos

43 LACAN, J. "A significação do falo". In: *Escritos*. Rio de Janeiro: Jorge Zahar, 1998, p. 702.

do abraço, do beijinho, de modo que parte da base para o desejo insatisfeito. É muito interessante que ela não está procurando uma mulher para ter esse contato corporal. Como o analista sublinhou, é um amor cortês, o que se aproxima muito do caso da jovem homossexual de Freud.[44] Estão presentes as condições de uma homossexualidade, mas não jogada no corpo a corpo, e sim que é ser o homem que falta a essa mulher. Aí está a identificação fálica dessa mulher, faz com que ela seja a dama de companhia dessa mulher.

Foi surpreendente para mim, como foi saindo os dados, tal como na análise, não na forma de uma anamnese, mas à maneira de um quebra-cabeça em que a gente vai juntando as partes e constitui, nesse breve tempo, uma pintura, poderíamos dizer, desta analisante. São dessas que, como disse Mannoni, parece que o divã é o de Procusto, como o leito de Procusto, que nunca pode entrar bem nessa situação, e justamente aí está a questão do desafio, da renegação da lei e que agora está frente à normativa da análise. Como desafia uma e outra vez a situação da análise.

É também muito interessante a maneira que começa, com esse significante que a representa: esse aluno idiota, insustentável que está representando alguma coisa dela que não suporta mais. Por isso mesmo pede análise, é claro que o analista estava dando conta desse motivo da consulta, como dizem os médicos, e isso, muitas vezes, parece uma bobagem, parece que isso não é, mas num sentido é. É um produto da metonímia e isso é uma coisa louca, idiota, ingovernável nela. Como alguma coisa que estava saindo dela, e aí está a situação fantasmática que saiu de seu controle e por isso o seu pedido de análise.

Uma ratificação da histeria são essas maneiras de se suicidar, que são representações para o outro, não tem ato-falho. O melancólico, se quer se matar, vai se matar mesmo nas melhores condições de internação, num momento de descuido, e aí vai se matar, ou seja, vai obter sucesso. Esta aqui não tem intenção de suicídio, e sim de extorsão a um Outro. Neste sentido parece, como disse Lacan, um *chevalier*, um cavalheiro que vai chegar ao ponto final que é o amor cortês.[45] Está nesse lugar bissexual, mas o inte-

---

44 FREUD, S. "A psicogênese de um caso de homossexualismo numa mulher". In: *Obras Completas de Sigmund Freud.* Edição Standard Brasileira. Rio de Janeiro: Imago, 1976, vol. XVIII, p.199-200.

45 LACAN, J. *Seminário 4. A relação de objeto*. Rio de Janeiro: Jorge Zahar, 1995, p. 109.

ressante, que vou sublinhar mais uma vez, é que não é uma homossexual, mas uma bissexualidade enfatizada em função do amor cortês. Mas há essa anestesia, por isso perguntei se essa anestesia faz sintoma para ela ou não. Mais ainda, é uma *belle indifférence*, e não é uma homossexual que diz "Não vou me demitir do meu gozo e meu gozo é homossexual", e a partir daí pode levar uma vida "dupla"; para ela, não é tampouco imprescindível. O fato é manter – outro ponto para sublinhar – relações quase exclusivas, poderíamos dizer: só um homem e só uma mulher. A segunda mulher a rejeita, mas se nós sabemos que cada um recebe sua própria mensagem de forma invertida, quer dizer que essa mulher não era para ela e fica então com uma mulher e um homem. Parece ser de uma maneira quase incrível, como que a representação metonímica da família: um pai, uma mãe. Um pai que aparece numa linha muito continua, com um traço que define um homem, com uma estereotipia. Um homem tem que ser estereotípico como o que aparece na história dos doze anos, preenchida de situações catastróficas, mortes. Essa função do homem é quase a de um amo que obriga a mulher a ser parceira dele. Essa é a mitologia do que implica o casal. Há essa duplicidade muito histérica de se fazer submissa ao marido para depois "traí-lo" com essa mulher. Parece bastante claro como esse homem, o marido, reproduz àquele outro criminal e suicida, dos doze anos. Parece que é o traço da masculinidade para ela. Ela faz a diferença disso, porque o *chevalier* é um homem cuidadoso, delicado, feminilizado, no seu semblante de se fazer como mulher, homem. Todos esses semblantes são muito próprios da histeria, esse caráter fortemente bissexual que tem a histeria. Daí Freud escreveu o seu clássico texto: *Fantasias histéricas e sua relação com a bissexualidade.*[46] Ela coloca isso em ato, essa é a diferença. Freud trabalha o fantasma como uma situação endopsíquica, mas ela coloca isso tudo isso em grandes cenas, montagens cênicas. Por momentos, faz os seus romances históricos, falando muito da atualidade, em que a questão familiar ao final vai aparecendo.

A questão da atualidade, do dia-a-dia, vai acontecendo e inunda a análise, faz com que o analista tenha que mergulhar nisso e sempre é pouco.

46 FREUD, S. "Fantasias histéricas e sua relação com a bissexualidade". In: *Obras Completas de Sigmund Freud.* Edição Standard Brasileira. Rio de Janeiro: Imago, 1976, v. IX, p. 163-70.

Como estrutura do desejo não temos muito a discutir, pois é manter o seu desejo como desejo insatisfeito, seja com homens, seja com mulheres. Esse é o diferencial como diagnóstico, na minha concepção da homossexualidade nesse caso: é um deslocamento de ser a mulher desse homem para ser homem dessa mulher.

Manter essa anestesia está marcando também um grau narcísico de não entrega e por isso diz que o analista não se entrega. Uma maneira de colocar no analista que não dá do seu tempo, não dá beijinhos, abraços. Marcar a constante falta no analista, mas vamos ver a maneira como se entrega. Praticamente a ninguém, mantendo essa cisão entre o sexo e o amor. Ela é amorosa e não sexual, como nessa cisão tão clássica nos homens. Como diz Freud, onde ama não deseja e onde deseja não ama. A dimensão do desejo ficou como que expulsa, fora da sua vida e, aparentemente, sem se problematizar muito nisso. Joga isso para o analista, na transferência, que vem a ser curiosamente o sexual. Ele é o que procura se intrometer no que não corresponde a ele. Aí temos essa resposta anestesiada dela, quando rejeita assim os avanços do analista. É bastante claro como a partir do sonho reclama para ele um amor cortês. Está bem que para Lacan todo amor é cortês, uma pulsão que fica inibida na sua finalidade, cortada em seu fim. Nessa mulher é evidente que tem uma condição de estrutura muito difícil de movimentar. Para mim, é meritório do analista poder sustentar uma análise de dois anos com essa mulher, nesse grau de anestesia. Esta anestesia não é nada leve, mantida dessa maneira e sem questionamentos. Que quer dizer isto? Uma couraça narcísica, um fechamento narcísico que não é das mais fáceis para manter com constância a sustentação da transferência.

É importante inclusive essa maneira como se apresenta. Ela entra como uma idiota que tem que ser a orientadora que a apresenta ao analista, como se ela fosse uma incapaz, uma deficiente. Uma criança idiota que o outro fala por ela, aparentemente ela não teria palavras. Entra dessa maneira: "Tu que disse para me analisar, vou me analisar". Uma maneira de fazer por procuração, mais uma característica histérica. Pode não dizer isso, mas faz com que a outra faça. Ela tem que fazer essa intermediação, sem a fala direta, como caberia supor. Poderia simplesmente pegar o telefone, falar com o analista e dizer: quero me analisar. Não sei se tem alguma coisa a ver ou como pode estar condicionada ao nascimento de seu irmão, essa frustração. Estou pensando na jovem homossexual, por isso perguntei se o irmão é mais novo, pois a maneira do que diz Freud, em lugar de dar para a menina o falo que ela não tem, a mãe procura diretamente gerar outro. A raiva a leva a se identificar com esse segundo filho, com o homem, tomando seus brasões fálicos e fazer então como um *chevalier*. Eu acho que muito disso pode ser pensado por essa via. Tratemos do historial de Freud que, apesar de ter tantos anos, é uma boa referência para fazer a inteligibilidade desta jovem homossexual. "Homossexual" entre aspas, porque o que define essa homossexual, sucede muito nos psicóticos que aparentemente são homossexuais, mas que são psicóticos. A sua sexualidade, procurando os iguais a eles, *homo*, faz uma tentativa de restituição; no lugar de delirar procuram essa semelhança como saída. Muitas histéricas têm a mesma coisa, que pode não ser daquele mesmo nível, mas surgem essas amigas íntimas que sempre geram ciúmes nos maridos. Essa insistência tem muito a ver com a perdurabilidade da mãe deslocada para a amiga. É de ferro, um relacionamento histórico, que não cai, mantém e se mantém além de tudo.

RH: Bem, agora gostaria de falar alguma coisa com vocês.

P: O relato da cena do velório, dos dois velórios, na parte que conta o velório do namorado, ela conta que não tinha praticamente ninguém, qual a interpretação ou significado que essa memória poderia ter? Eu achei bem curioso, porque parece ser uma cena difícil de acontecer, um velório de um adolescente não ter praticamente ninguém.

RH: O ponto é o que ela quer transmitir com isso? Além da realidade, está a sua realidade; eu acho que tem a ver com o vazio da masculinidade para ela. A condição masculina fica quase sozinha. Ficando isolada, ficando culpabilizada, com pouca libido, mas consegue chegar, assim como consegue chegar na sua procura por um homem. Mas aí já está qual é a sua orientação libidinal: os dois. Vai para os dois, com uma justificativa moralista: no velório da boazinha, e no do outro que é um filho da puta, assassino. Qual foi sua justificativa? Mais uma vez a sua submissão diante do amo, que o amo a levou, mas aparentemente ficam todos os rituais e privilégios para a mulher. O homem tem o seu lugar mínimo, sempre com essa idealização negativa, entre ciumento e assassino. Se ela tem uma definição da masculinidade, parece que é isso. Ficar sozinho, como que esses ciúmes fossem quase delirantes. Parece que não tem um mundo, que está completamente em função do delírio. Como disse Freud, o psicótico ama ao seu delírio como a si mesmo.

Disse isso no *Manuscrito "H"* (1895)[47]. Parece que aí está a libido e neste sentido aí está o delírio, o louco, o ciumento, o assassino, tudo isso é o homem. Aí pareceria lógico se fechar e não ter orgasmo com ele, mas também a outra fica só na questão dos rituais. No amor cortês também tem uma ritualização, tem a ver com as cortes, tem a ver com a codificação, não é um amor espontâneo. Segue regras e aí estão as regras da corte, da cortesia. Com isso já temos, em grande medida, como está mapeada a sua organização libidinal nessas circunstâncias e, vamos dizer que fica pouco peso para essa presunção moralista. Ela procurou muito a mulher, mas finalmente foi empurrada para o cara assassino. Essa é uma maneira coerente para interpretar isso que tu bem sublinhas.

P: Você acha que ela tinha a fantasia de que o marido a matasse?

RH: Não sei se seria assim. Temos que pensar que é mais uma coisa morta nela. É uma sexualidade morta e fica nesse amor cortês, está tudo como em surdina na sua vida, apesar de parecer tudo muito passional. Faz todo esse *show* diante do analista, essa grande cena, o analista tem que sair para que ela saia, se não ela fica. Tem que ficar o tempo todo como que ao pé do muro. *Show* como colocação em cena. Essa cena parece querer dizer que a grande passionalidade que ela coloca em jogo foi resultar na duplamente frígida. Mais que precisar de uma morte, ela já está articulada com essa questão, morta, mas de maneira indiferente. A questão que se coloca então é se é possível construir um sintoma, como tarefa do analista. A resposta pode ser afirmativa se o analista procurar que fale do sexo, o que seria mais simples, mas teria que ir além disso, ou seja, ela teria que começar por se fazer uma interrogação: "O que acontece na minha anestesia?".

P: Quando você usa a palavra anestesia, é esta a palavra mesma, anestesia no sentido de uma defesa do próprio desejo ou não há mesmo esse desejo?

RH: Procura anestesiar o desejo; é neste sentido que estou dizendo que parece um desejo morto, que aparentemente não sai. Provavelmente também por isso que fracassou com a outra mulher, foi rejeitada. Ficou uma declaração verbal, mas não acho que aí tinha desejo, ou seja, não é que a outra não quis, mas sim que se colocou para receber essa rejeição, para fracassar.

---

47 FREUD, S. "Extratos dos documentos dirigidos a Fliess. Rascunho "H". In: *Obras Completas de Sigmund Freud.* Edição Standard Brasileira. Rio de Janeiro: Imago, 1976. Vol. I, p. 289.

# APRESENTAÇÃO CLÍNICA 7

X: Comecei o atendimento em Maio de 2006 e tenho levado o tratamento desde então, e ainda continua. É realizado na clínica de Psicologia da Universidade Federal de Santa Catarina. Me remeto à primeira sessão, em que a paciente, uma mulher, 36 anos, chegou bastante atrasada. Eu estava também ansioso e foi um atraso considerável. Acho que foi em torno de 20 minutos de atraso e eu estava preocupado em como conduzir esta primeira entrevista e vi depois que foi mais fácil do que eu esperava. Poucas perguntas foram suficientes para ela falar a sessão toda. Ela começou falando que o motivo pelo qual procurava atendimento era o fato de ter um relacionamento muito problemático com a mãe, que a mãe era muito agressiva e ela não conseguia lidar direito com ela. Dizia isso de todos os familiares. Ela é de uma família em que há mais duas irmãs, e um irmão.

RH: Menores?

X: Não. Tem uma irmã mais velha e a outra irmã e o irmão são mais novos. Todos na família conseguiram, de alguma maneira, se dar bem na vida e ela era a única que sempre tinha problemas, que estava sempre com problemas econômicos, dívidas, entre outras coisas.

RH: Trabalha? Que faz?

X: Ela trabalhava na prefeitura da cidade onde morava, mas por causa de muitos pedidos de licença médica com referência à depressão – ela foi diagnosticada com depressão – ela foi aposentada proporcionalmente, foi aposentada por invalidez e recebe aposentadoria proporcional. Ela se queixa que essa aposentadoria que recebe é muito pequena, não dá para os gastos e ela tenta compensar um pouco os gastos vendendo produtos de uma linha de cosméticos, produtos por catálogo, mas mesmo assim, e procurando poupar dinheiro, ficava endividada. Sempre pedia ajuda à família para que eles emprestassem dinheiro e dizia: "Eles estão numa condição muito melhor que a minha, por que não me emprestar dinheiro?". Ela se queixava disso, porque quando ela ia pedir dinheiro emprestado...

RH: A quem pedia dinheiro?

X: Especialmente para a mãe e também para os irmãos, mas o que mais surge na fala dela com relação aos empréstimos é sobre a mãe mesmo. Eles, muitas vezes, se recusavam a emprestar e ela se queixava de como não emprestam se estão numa condição melhor que a sua. Essa questão da dívida ela relaciona com um dos namorados que teve. Na primeira sessão, foi interessante que depois que ela se queixou desse relacionamento com a mãe, passou a falar dos três últimos namorados que teve. Esse primeiro namorado que ela relatou disse que ela não gostava muito dele pela insistência dele em procurá-la e sempre convidá-la para sair, mas mesmo assim começaram a namorar. Ela assinou um documento como avalista de um carro que ele estava comprando. Ele acabou não pagando e a dívida foi toda para o nome dela. Ela disse que não tinha como pagar essa dívida adquirida pelo namorado. Depois disso, de todo esse rolo que houve, o namorado continuou perseguindo-a, ameaçando-a, fazendo ameaças de morte inclusive, segundo ela, e ela sempre fugindo disso.

RH: Porque "segundo ela"? É evidente que é assim, não é? Mas se estás sublinhando supõe uma coisa delirante. Poderia ser assim? Digo isso em função da ameaça de morte.

X: Eu não sei em que medida essa insistência dela com as ameaças tinham uma proporção um pouco persecutória mesmo. É pela maneira como ela dizia, durante as sessões: "Acho que tem alguém lá fora que está escutando." Quando ela se pegava falando muito alto na sessão e como na clínica da Universidade tem vários consultórios, ela dizia: "Estou falando muito alto, deve estar todo mundo escutando o que eu estou dizendo." Inclusive uma vez ela se queixou dizendo que havia escutado duas meninas no balcão da recepção que estavam rindo e que ela tinha quase certeza – ela sublinhou isso, que não tinha certeza, mas quase – que elas estavam comentando alguma coisa em relação a ela. Alguma coisa que elas poderiam ter ouvido dela durante as sessões. Por isso essa idéia de sublinhar isso: "segundo ela".

RH: Tem mais alguma outra situação persecutória?

X: Isso remete à maneira como toda ou quase toda sessão ela volta a falar da mãe. Sempre diz que a mãe não gosta dela, a mãe a detesta, sempre põe ela para baixo e quando a questiono sobre o que acontece para que a mãe aja assim com ela, ela diz: "É do nada, foi sempre assim, desde quando eu era criança ela me tratava mal, ela me tratava diferente dos outros" e várias vezes ela repetia assim: "Ela me tratava com diferença dos irmãos e dos demais familiares". Uma coisa que insiste até às últimas sessões é o fato de que quando ela fala da mãe ela diz que a mãe é agressiva, que a mãe briga com ela, que a mãe xinga ela, a chama de vagabunda e outros palavrões.

RH: Você o que diz? Para tratar de mudar isso, que colocações tem feito?

X: Geralmente coloco questões do que ela faz para que isso aconteça e ela diz que não faz nada. Geralmente nega sua participação dizendo: "Isso vem do nada". Pegando por esse lado, o que ela faz para isso acontecer, ela é bastante refratária. Quando tento trazer alguns pontos mais profundos, ela diz: "Não entendo o que você está falando, realmente é do nada, ela me odeia, desde sempre foi assim."

RH: Quer dizer que não te escuta?

X: Sim, ela parece sempre bem contrária a qualquer colocação que eu faça. Geralmente diz que não me entende e acho que algumas vezes a minha colocação foi um pouco nebulosa e tento reiterar de outra forma e, mesmo assim, ela não compreende o que falo. Outras vezes diz que não é nada disso: "Isso nunca passou pela minha cabeça, isso que estás falando não tem nada a ver". Às vezes diz que eu falo coisas que a deixa brava.

RH: Está bem!

X: E por isso ela justifica, por exemplo, não contar sonhos. Durante uma das sessões ela trouxe um sonho. Ela sonhou com um personagem de uma série de televisão, o *Power Rangers*, e foi um sonho erótico e ela fez toda uma descrição imagética de como se passou, um homem abraçando ela por trás, beijando-a, e quando chegou na relação sexual ela disse: "Então você já sabe o que acontece". Eu disse que não, que não sabia e ela disse que ele se deitou e ponto, acabou e ficou por isso. Bem, aí justamente ela começou a associar essa figura que apareceu no sonho com a figura do analista, dizendo que havia uma semelhança. Frente a isso, eu não sabia se era o momento, propus a ela que se deitasse no divã. Até o momento desse sonho foram apenas entrevistas.

RH: Quando foi isso? Mais ou menos.

X: Foi em torno de setembro, outubro de 2006. Foi aí que começou a surgir com muito mais força a fala dela com relação ao analista.

RH: O que dizia do analista?

X: Primeiramente começando com essa identificação com o personagem e depois com o próprio analista aparecendo num sonho de natureza erótica. Esse sonho era encenado na própria sala de atendimento. A descrição denota, com muita particularidade, atos preliminares e com relação ao ato sexual propriamente dito ela silencia, ela diz que não quer mais falar sobre isso. Diz: "Você sabe o que é". Por mais que haja uma insistência em buscar algo em relação a isso, ela não fala nada. Na segunda sessão ela falou, quando questionada, por que procurava o tratamento e reiterou a questão da mãe e falou que esse terceiro namorado, do qual falou na primeira sessão, diz que esse namorado a violentou. Foi violento com ela. As primeiras vezes ela falou: "estúpido". Eu escutei estupro, mas não falei a ela. Em sessões posteriores, quando eu coloquei a pergunta se foi um estupro, ela disse que não foi um estupro, mais foi uma violência. Depois de várias sessões ela conseguiu falar disso, que tinha terminado com o segundo namorado, que era um cara mais novo e que ela realmente gostava. Mas um cara começou a dar em cima dela e ela disse que não gostava, mas começou a ficar com ele e a namorar e procurava de toda maneira evitar ter relação sexual com ele. Ele insistia e ela dizia que era melhor fazer exame para ver se não tem nenhuma doença sexualmente transmissível.

RH: Está falando do segundo?

X: Esse é o terceiro.

RH: Seria o estuprador?

X: Com o segundo, ela relata que tinha uma vida sexual bastante satisfatória, falava que tinham relações sexuais e que ela gostava muito.

RH: Por que terminou com o segundo?

X: Ele era mais novo do que ela e que ele dirigindo o carro dela, recém comprado, bateu o carro. Ela pediu que ele ajudasse no conserto, mas quando foi pedir a ele, ele começou a se desviar, não querendo assumir a responsabilidade de pagar parte do conserto. O pai do garoto interveio e disse a ela: "Chega! Você não aparece mais aqui, não tem mais namoro nenhum".

RH: Ou seja, que ela tinha que pagar para esse pai?

X: O carro acidentado era dela, mas foi ele (o namorado), dirigindo, que bateu. Quando ela insistiu para que ele pagasse, o pai do garoto disse que ela não poderia mais vê-lo e desde então eles acabaram o relacionamento. Foi aí que surgiu esse terceiro que começou a insistir em ficar com ela. Ela sempre diz que contrariada começaram a namorar, mas evitava de ter uma relação sexual. Sempre procurando desculpas, até essa noite que aconteceu essa violência, ela disse que ele chegou alterado. Ela conta que teve a impressão de que o namorado anterior estava de alguma maneira vendo o que acontecia e que ela não sabia explicar exatamente o que era, mas diz que estava sendo olhada por esse namorado anterior quando o namorado atual a jogou na cama, tirou sua roupa, ela insistindo que não, que não queria. Inicialmente ele fez o ato pela vagina, mas que depois tentou por trás, anal. Ressalto essa precisão porque sempre aparece muito, na fala dela, esta imagem de pegá-la por trás. Por exemplo, nesses sonhos em que fala do abraço, sempre começa por um abraço por trás e o quanto ela fala que os familiares sempre...

RH: Era o segundo que estava olhando, não é? Que estava presente? Durou muito tempo a presença desse cara?

X: Em que sentido? Na cena do estupro?

RH: Cronologicamente, apareceu uma vez, ou mais?

X: Comentou mais vezes, primeiro falou que tinha a impressão que ele estava lá embaixo, para entrar no prédio e que depois a olhava pela janela do prédio. Ela mora num apartamento. Isso apareceu algumas vezes, essas duas vezes que consigo recordar e depois de relatar o ato violento com o outro, não mencionou mais nada. Depois dessa violência, dois messes depois, ela descobriu que ficara grávida e o cara não gostou disso e teve que acabar o namoro. Desde essa violência ela nunca mais teve um relacionamento estável e nunca mais teve um relacionamento sexual. Isso faz uns três ou quatro anos que é a idade que o filho dela tem agora.

RH: Teve o filho?

X: Teve. Ela disse que no início ficou bastante em dúvida, mas que depois aceitou ter o filho.

RH: O pai funciona como pai?

X: Não. É até uma preocupação que ela trouxe nas primeiras sessões, que o filho não tem referências masculinas. Ela disse até que às vezes engrossa a voz, tenta agir de uma forma mais masculina porque ela acha que o filho não tem essa referência. Ela disse até que algumas vezes tentou o contato com esse pai, mas ela disse que o pai não tem muito interesse, não paga nem a pensão, não quer saber muito. Depois ela relatou que não tem interesse que o pai se aproxime porque acha que ele não presta, não presta e não serve. Não quer que ele seja um exemplo para o filho; disse, inclusive, que entrou com um processo para garantir a pensão, mas aí a família agindo por trás, novamente, conseguiu entrar em contato com os advogados para não levar adiante o processo. A família concorda com ela que é um pai que não presta e eles não querem a presença desse homem lá.

RH: Ela mora com os pais?

X: Não. Ela mora sozinha, mas ela vive indo na casa da mãe, seja para deixar o filho, que às vezes a mãe dela toma conta e às vezes para almoçar, por exemplo. Ela sempre reitera essa dependência que tem da mãe. Depende muito da mãe e odeia isso, por um lado, porque a mãe faz muito mal a ela, sempre reitera o fato da mãe ser agressiva e inclusive bater nela. Com relação à mãe surgiu que geralmente quando ela xinga a mãe é em reação a um ataque da mãe. Ela nunca começa nada. Frente a essa situação diz: "Você não é minha mãe, você não pode ser a minha mãe". Ela diz efetivamente que muitas vezes pensava que a mãe dela não seria a própria mãe. A mãe seria uma outra pessoa e mesmo durante a sessão ela fala que não pode ser possível uma mãe odiar tanto uma filha. Diz: "Ela só pode não ser a minha mãe". Isso me remeteu ao fato que ela pouco, pouquíssimo mesmo, fala do pai. Pouca coisa, das vezes que falava, falava que o pai é morto, já faz alguns anos, mais de dez anos, não saberia precisar. Disse que na época em que o pai era vivo a vida da família era ótima. O pai tinha bastante dinheiro, tinha uma casa grande, mas foi roubado, ele trabalhava no ramo imobiliário. O pai ficou doente e o sócio tomou a parte dele e eles perderam muito dinheiro nisso tudo. Não chegaram a ficar paupérrimos, mas ficaram pobres. Quando a questiono porque quase nunca fala do pai ou quando fala, fala muito superficialmente, ela comentou que quando o pai era vivo a vida era muito boa, que o pai era bravo, mas geralmente tinha bastante festa em casa e o pai bebia bastante e quando estava bêbado, ficava muito amigável. Quando perguntei por que não fala disso, ela respondeu: "Meu pai está morto. Se o meu pai tivesse vivo provavelmente falaria mais dele. Mas ele está morto, porque falar dele então". Realmente sobre o pai não me ocorre mais nada.

RH: Então, ela não tem vida sexual a partir do terceiro. Do momento de ficar grávida. Este foi o final até agora? Tem relação com algum homem?

X: Costuma sair semanalmente, tem uma amiga que costuma promover festas numa casa de eventos e ela costuma sair. Ela encontra muitos homens nestas festas que vai. Ela diz que nunca acontece nada mais do que dar um beijo e, como se diz, ficar, simplesmente ficar. Diz que esses homens falam coisas bonitas para ela. Ela geralmente coloca nessas palavras: "Eles chegam para mim e falam coisas bonitas. Eu gosto, às vezes eu estou meio pra baixo e eu acho bom ouvir essas coisas bonitas". Quando questiono sobre os avanços, ela diz que procura desviar, quando um homem quer algo mais, ela sempre se mostra indisponível, seja dizendo que tem outro relacionamento ou outra desculpa. De alguma maneira demonstra que não quer, mesmo quando, por fim, dá o braço a torcer e dá um beijo, por exemplo, tenta dispensar esse homem o mais rápido possível. Inclusive na última sessão ela comentou que num desses pequenos casos que ela havia tido, que havia ficado com ele mais vezes, no começo ele falou coisas bonitas e depois começou a falar assuntos mais sérios, querendo entrar na intimidade. Ela então começou a sinalizar para uma amiga, agora não sei se é esta mesma amiga que promove festas, para que ela os interrompesse e de alguma maneira fizesse alguma coisa para livrá-la da situação. Ela falou que teve uma vez que esse quase namorado havia estacionado o carro e estavam namorando dentro do carro, se beijando e ele deitou o banco dela e ia se colocar por cima dela e disse: "Assim irá me esquecer, mas eu não quero isso". E diz que por um milagre, e que pensou no analista nesse momento, então o carro começou a andar, como se o freio de mão não estivesse puxado e comentou isso na sessão: "Graças a ti isso fez efeito". Essa maneira de se referir ao analista chegou ao ponto de perguntar se o analista queria namorar com ela, dizendo que não via nenhum mal nisso, que não haveria problema e eu insistia que isso seria um entrave ao tratamento. Era uma tentativa de evitar o tratamento que ela tentava levar ali.

RH: Seria uma ajuda?

X: Chegou a um ponto em que ela disse que achava melhor trocar de terapeuta, como muitas vezes fala. Trocar de terapeuta porque a situação estava se tornando insuportável. Não agüentava mais, e para ela melhorar, só trocando. Depois de algumas sessões ela disse que passou, que tudo isso tinha passado. Mas sempre que tentava insinuar isso, que ela resgatava o amor do analista ela era refratária: "Não quero falar sobre isso, já passou, já é passado". Até que mais recentemente, ela disse que os seus amores já estavam mortos e enterrados, mas o analista estava apenas morto, e tinha medo que ele ressuscitasse. Evita mencionar qualquer coisa sobre o que se passa. Sempre que começa a falar um pouco mais da intimidade dela, ela fala algumas coisas e diz: "Vamos mudar de assunto", e é dessa maneira que costuma se portar nas sessões.

RH: É uma vez por semana?

X: Sim. É uma vez por semana.

RH: Agora continua com o analista morto, mas não enterrado, ou não?

X: Continua insistindo nessa questão. Há uns dois meses ela disse que havia passado essa paixão e mais recentemente disse que tem retornado, que gostaria de falar sobre isso, mas sempre durante as sessões ela estava reiterando as situações cotidianas de brigas com a mãe, por exemplo. Acaba não tendo tempo de falar sobre isso.

## COMENTÁRIOS DE ROBERTO HARARI

RH: Vou fazer o grafo dos pisos do objeto *a*. No *Seminário 10, A angústia* [48], Lacan coloca uma progressão dos objetos *a*: oral, anal, fálico, escópico e supereu. De fato, a remissão ao supereu constitui uma aproximação lacaniana à instância psíquica freudiana, mas o objeto *a* em consideração não é outro que a voz, e por isso a colocamos no grafo, diretamente. Como é um grafo, podemos estabelecer os laços entre um e outro, não só no sentido progressivo.

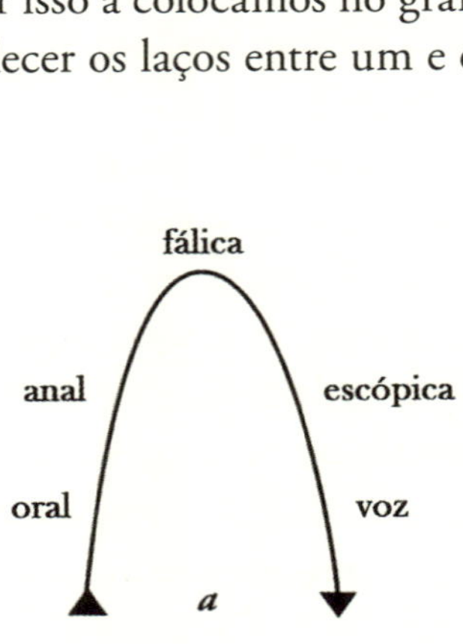


48 LACAN,J. *Seminário 10. A angústia*. Rio de Janeiro: Jorge Zahar, 2005, p. 320.

Queria assinalar que não temos dúvida que essa analisante está numa junção anal-escópica. A maneira que aparece o laço entre o escópico e o anal é estranha numa mulher, por essa dominância do anal que evidentemente surge na apresentação inicial, com a questão do dinheiro. Vamos descobrir a pólvora! A descoberta de Freud desse laço entre as fezes e o dinheiro, mas de uma maneira muito especial, em que os homens a pegam e a colocam numa situação onde a dívida é sempre ao inverso. Se tomarmos a questão pela dívida simbólica, é a maneira como cada um de nós pode reconhecer a dívida com os pais que nos deram a vida e, como diz Freud, parece que nós devemos uma vida para a vida. De alguma forma, parece que o pagamento se faz através de ter filhos. Para ela, é o inverso, o mundo fica em dívida com ela. Eu acho que não é só a mãe, mas sim em função do dinheiro. É muito mais simples colocar a dívida em função do dinheiro, que tem a possibilidade de fazer numerologia, de fazer contas com o dinheiro e por isso é tão especial, no sentido de fazer contas com a dívida. Ela começa sua apresentação inicial dos homens que tiram o dinheiro dela. Evidentemente que a condição de ser estuprada, literalmente, está em jogo desde o início. Ser estuprada em função do dinheiro é o primeiro ponto. Mas logo é estuprada pela maneira que privilegia, como dizia o analista, essa maneira anal de ser abordada. Tem aí alguma coisa relacionada com o fato de que ela procura ser abordada em um lugar que, tomado por trás, podemos dizer que todos os falantes são iguais. Trata-se de rejeitar o ponto da frente em que se marca claramente a diferença. É evidente a maneira que procura se excluir do relacionamento, quase como dizemos: coloca em ato a impossibilidade da relação sexual dizendo que não, mas sem dizer que não existe, senão que não se dispõe, que não pode. Uma posição que é distinta daquela em conformidade com os termos lacanianos: a relação sexual como impossível. Como diz Lacan, não há relação sexual, mas por isso existem relações sexuais, no plural, como maneira de compensar a ausência desse encaixe perfeito entre os sexos. Para ela, não é que é impossível, mas sim que ela diz, aparentemente, não ter vontade de ter relação sexual. Sistematicamente há o fato inicial que os homens se aproveitam dela; ela tem alguma maneira de conseguir finalmente ser estuprada, violentada, ser violada quase, e mais, se aparece um homem que não faz isso, como é o analista, aí aparece a transferência erótica resistencial. Dito diretamente nesses termos: "Troquemos, terminemos a análise para diretamente trepar". Isso poderia ser melhor racionalizado: "Façamos terapia sexual. Por que não?" Isso, para ela, poderia ajudar nos problemas com o sexo. Então o analista poderia ser colocado como que ao serviço sexual dela. Igualmente encontra uma maneira de não prosseguir com a análise, pelo que acontece com seu laço com as falas. "Não quero falar disso, disso não falo, podes imaginar, já sabes como vai ser". A sua maneira de atacar a associação livre é permanente. Não é só agora, quando erotizou o laço com o analista que surgiu isso, que então passou a não falar e ele deve supor o que acontece.

Gostaria de voltar ao que faz o laço entre a olhada e a analidade. Evidentemente não se trata de uma psicótica, de maneira nenhuma, e o que ela tem são visões, não são alucinações. Escuto que aí temos outro laço e vou me deter nisso. Ela pode ver, o outro pode ver, o segundo namorado vai olhar quando ela está com o terceiro. Está posto neste lugar como um fantema dominante nela, que é a cena primária, em que os outros sabem o que está acontecendo ali, e podem escutar, assim como escutam os rapazes com os quais trepa. Evidentemente fica demasiado grudada com os pais e aí está a questão do por que ela finge ser um homem. Eu acho que se trata de um luto não elaborado pela morte do pai. Temos também colocado em jogo outro par, outro laço, o chamado ainda invocante – eu prefiro dizer fonante –, com a oralidade; engolir o pai, dessa maneira derivada, em que ela é mãe e pai ao mesmo tempo. O fato de ter esse filho é uma aparente fuga para a genitalidade e uma falsa normalidade. Pouco ou nada tem a ver com o projeto de mulher. Acontece isso, tem o filho, mas para ela dizer que também tem a possibilidade de se fazer de pai, excluindo esse presumido pai que mais que pai é genitor, diria Lacan; é um engendrador, não é um pai. Esta colocação simbólica do pai, fraca, não serve, mas serve o que ela engoliu de um pai que era um pai oral. Que era um bêbado e tomando em conta que quando ficava bêbado, ficava bonzinho. Era agradável e aí podia se relacionar com ele. Mas para isso, tinha que ser quase a figura de um pai humilhado. Finalmente, um pai que era bonzinho, pois ficava bêbado, mas não tem muitas condições, não está à altura das circunstâncias de ser pai.

O diagnóstico de depressão, como aparece em *Luto e Melancolia*, usualmente tem a ver com uma introjeção do objeto perdido[49], que foi o pai.

---

49 FREUD, S. "Luto e melancolia". In: *Obras Completas de Sigmund Freud.* Edição Standard Brasileira. Rio de Janeiro: Imago, 1976. Vol. XIV, p. 280-2.

Eu acho que isso não foi elaborado e muito das brigas com a mãe encobrem essa situação. Do pai não se fala porque está morto, mas muito vivo nela; por isso não se fala, pois falar é um modo de começar a fazer um luto. Nessa identificação quase que massiva com o pai, para sustentar isso há que deter a questão do luto, tem que não falar. Deixa a diferenciação muito sutil entre os mortos e os enterrados. Assim fica muito claro, morto não quer dizer mais do que isso, está morto, mas não enterrado. Podemos dizer que está enterrado nela, no sentido de fazer-se um com o objeto, literalmente identificada com o pai, mas dizer morto aí é contraditório, pois se de um morto não se fala, o morto pode ressuscitar, como o analista. Quando ressuscita, ressuscita eroticamente.

Daí então essa duplicidade entre essa identificação ao pai e ficar com a identificação com a mãe, relação estragada. Penso que o mais definitório do que foi colocado pelo analista é a morte do pai. Nada está processado, eu acho que aí está o ponto que indica que temos que esquecer esta questão de aposentada por invalidez. Freud falou muito sobre os benefícios secundários da doença, dizendo que quando se obtém isso, como o sujeito vai sair dessa condição de doente? Que seja pouco dinheiro não importa, o que importa é o significante, o significante que diz aposentada por invalidez prematura. Isso não é só laboralmente, isso é um significante para a vida, que cai por cima dela, mas tem essas vantagens: o gozo de ficar fora da vida. Vejam também o que procura dos homens: palavras bonitas; palavras, não corpos. O morto enterrado nela parece ter um auto-abastecimento do homem que mimetiza nesta relação psicológica, em que não tem figuras, não tem filhos, tampouco pai, então vou me fazer de pai. Nesse sentido que o morto está vivo nela, o seu pai. Ela não precisa muito dos corpos dos homens, e sim das palavras. Poderia ser isso que ela procura. Faz também uma cisão com o analista: dos homens bastam as palavras, agora do analista quer o corpo. O ponto é que as palavras do analista não são como as palavras dos homens que vão a essas festas, a essas reuniões. Esse tipo de palavra parece que ela não quer e, mais uma vez, a sua proposta é um *acting-out*. Um grande *acting-out* desse acesso ao parâmetro mundial da maternidade. *Acting-out*, sem retorno. Não escutei que ela considerou a possibilidade de fazer um aborto, por exemplo, interromper isso como se fosse um acidente. Ao contrário, seguiu adiante para ser uma mãe solteira. Eu diria que o pai desse filho é o seu pai. Aí conseguiu alguma coisa fantasmática, porque o fantasma aqui, como vêem, está o tempo todo quase a flor da pele, com essas visões. Pegou finalmente isso que os homens pegavam dela, pegou o que tinha que pegar: o falo do pai, em função desse homem tão humilhado como o pai. O pai, para ser pai, tinha que ficar bêbado. Este terceiro não tem três, não faz triângulo. O significante do Nome-do-Pai não fez nela um caminho.

Bem, poderia dizer mais coisas, mas gostaria de falar com vocês.

P: Harari, eu estava pensando, quando falaste sobre o dinheiro, das dívidas, e agora quando trouxeste a questão das falas, dos amores, dos moços que ela só quer palavras de amor e do analista uma outra coisa. Na Clínica da Universidade, onde essa moça foi atendida, tem essa característica que não há um pagamento, o atendimento é gratuito. Se ela pagasse ao analista, fazendo uma suposição, as coisas seriam muito diferentes, não? Se o analista "tirasse" dinheiro dela e se ela tivesse que pagar por esse tratamento, o que aconteceria? Claro, a gente sempre sabe que é diferente, sem dúvida, mas que outros efeitos poderia ter nesse tratamento? Se houvesse esse dinheiro passando, já que a história dela está sempre sendo trazida em relação ao que os homens têm com ela? Ela não paga o analista e o analista esta pagando com palavras, mas não basta, ela também se queixa das coisas que ele fala. Ou do que ela não fala, como ele falou no começo que ela não leva muito em consideração as palavras dele e tu marcaste como ela boicota a regra do trabalho analítico, mas que ela investe. Quer dizer, contigo que eu não tenho que pagar, tu que não tens uma dívida comigo, contigo eu iria pra cama. Eu não te enterro.

RH: Boa pergunta. Temos que fazer uma conjetura na medida em que este é o nosso exercício, está muito bem colocado. Incorporando esse fator nós podemos dizer que não é só que o analista faça o pagamento com palavras porque isso é universal, tenta, além disso, manter sua condição de interpretação, porque não dialoga, ou seja, não é somente um pagar com palavras. Aparentemente, a pessoa que está fazendo pagamento nesse laço é o analista, pela gratuidade. O que poderíamos supor é que isso para ela é um fator de sedução. Pode ser! Isso inclui os fatores silenciosos que estão incorporados como universais, como toda pessoa que vai pedir atendimento, ela *paratodeia*, ou seja, para ela é como para todo mundo, para tudo: não tem dinheiro. Evidentemente, a conseqüência não é igual para todos. Quer dizer que não todos vão ter uma transferência erótica. Isso é uma elaboração própria dessa mulher. Mas evidentemente o fato de fazer pagamentos muda tudo, isso no geral. Bem sabemos que Freud disse muitas coisas contra o tratamento gratuito[50]. Não se trata de um castigo ou uma maneira de operar em termos capitalistas. Trata-se de um pagamento pelo desejo, é uma troca, poderíamos dizer assim, que o analisante faz o pagamento para falar. É quase ao inverso da lógica capitalista, porque paga para trabalhar. Não é o fato de receber um salário pelo trabalho, nessa definição clássica da economia política. Por isso a análise faz um laço inédito, como diz Lacan. Essa é a descoberta, a invenção de Freud, de uma coisa completamente duvidosa. Mas, a partir do que tu dizes bem, poderia ser como uma possibilidade de que para ela seja uma sedução, por esse modo de "se dar" do analista.

Como o analista não pode falar – segundo as regras de nosso artifício – poderiam falar as pessoas que fazem atendimento gratuito, se percebem, por exemplo, algum tipo de traço recorrente ou alguma coisa que seria diferencial do que ocorre nos consultórios particulares.

P: Bem, tocando nesse assunto de atender gratuitamente, a questão que eu coloco para início de carreira é que muitas vezes dá vontade de pensar que é por causa do não pagamento que o tratamento não vai para frente. Mas, a pergunta que te faço é justamente essa: como identificar se é a questão do não pagamento ou se é alguma outra coisa e, também, se é possível identificar isso?

RH: Coincido contigo. Sempre está esta pergunta. Se não paga com dinheiro, então como pagas? É uma troca, e então qual pode ser o pagamento? Pode ser a maneira de se sustentar como neurótico, de sustentar o sintoma. Para a pessoa que faz pagamentos isso pesa. Bem, para deixar de fazer o pagamento, termina pagando com o sintoma, com o gozo do sintoma. Mas o fato de fazer pagamento é uma generalidade. Pode-se corporizar ou não pela via do dinheiro. É semelhante quando muitas pessoas que são atéias, que não têm crenças religiosas, dizem: "A gente inveja essas pessoas que crêem, porque vivem melhor, porque têm crenças religiosas, acreditam em alguma coisa". Se deixarmos aí a questão seria uma inveja muito lógica. Só que falta darmos mais uma volta à questão, para não ficar nesse imaginário: qual é o preço para sustentar essa crença? Quais são as consequências de dizer que crê? Isso também é uma troca, quer dizer, quando

---

50 FREUD, S. "Sobre o início do tratamento (Novas recomendações sobre a técnica da psicanálise)." In: *Obras Completas de Sigmund Freud.* Edição Standard Brasileira. Rio de Janeiro: Imago, 1976. Vol. XII, p. 173-6.

se afirma "tudo bem, eu acredito. E para sustentar a bondade de Deus para ser amado, que tenho que fazer?" Quais são as coisas que tem que fazer no **dia-a-dia** ou quais pagamentos para a igreja, ou fazer beneficência, ou ter restrições pessoais, então, Deus vai lhe amar. E aí já não seria mais dizer que é inveja. Tratemos disso na nossa temática – se não faz pagamento, pode-se dizer: Ah! Que bom! Se não faz pagamento tem a oportunidade de ter um atendimento gratuito. Por que não? Em termos sociais, políticos, econômicos seria uma ajuda, mas teríamos que ver, mais uma vez, o laço especial que implica a nossa maneira de trabalhar e o que implica o código da neurose e do gozo, o masoquismo, ou de que maneira, então, o neurótico satisfaz o seu masoquismo resistindo a curabilidade, se isso não ocorre assim. Vocês sabem bem que Françoise Dolto, psicanalista de crianças, insistia para que além do pagamento que nesse caso em geral fazem os pais, as crianças lhe trouxessem algum tipo de pagamento, por exemplo, uma pequena pedra, uma pedrinha que se encontra nos parques para dar ao analista a cada vez, como pagamento. Quer dizer, um pagamento, com alguma coisa que caia do corpo, como o objeto *a*. Levando agora para o consultório, é evidente que as mulheres que são seus homens que fazem o pagamento da análise, não são iguais em suas análises às mulheres que elas próprias pagam sua análise com o seu trabalho. É muito distinto, fica muito fácil de resistir dizendo: "Ah! Ele não quer mais fazer os pagamentos, não posso continuar porque ele não quer". É muito comum com essas mulheres acontecer essa fuga para a realidade, por exemplo. De alguma maneira, sem pagamento, a mulher tem só um lugar transicional em que o dinheiro que vem do outro passa por ela e vai para o analista. É muito fraco manter esse relacionamento dessa maneira e outra coisa ainda é como joga a questão libidinal do dinheiro.

P: Uma coisa que me chamou a atenção no relato do caso foi a relação desses dois eixos que apontaste, anal-escópico e oral-invocante, no discurso da paciente de forma que me parece que a afirmação de um implica numa superação do outro, de fazer o outro morto.

RH: Qual seria um e qual seria outro?

P: O eixo da relação oral-invocante e a anal-escópica. Nos exemplos de quando ela tem o filho, fruto daquela relação violenta e engravida, ela para com as relações sexuais. O que ela podia colocar desses eixos nela? Soa muito a morte do pai, o momento em que o pai é humilhado, o pai perde o dinheiro e toma essa mesma posição que ela tomava de ser atacada por detrás, e parece que ele morre por causa disso, e as duas coisas estão juntas. Parece que aquele pai que era comunicativo e engraçado, enquanto bêbado, o que causou a morte dele foi isso, um ataque violento pelas costas. E, mais uma vez puxando para a tentativa dela de terminar o tratamento, a ameaça seria nesse mesmo âmbito. Eu paro de falar e vamos partir para a relação sexual.

RH: Mas aí humilha o analista, algo que parece muito erótico, que parece muito sedutor, está privando o analista na sua proposta, no seu instrumento. É uma proposta castrante, que o deixa impotente. Algo semelhante com esse lugar humilhado: isso que você me oferece não é bom, tu tens algo melhor a me oferecer. Eu vou te demonstrar isso, eu vou te oferecer isso e inclusive diz que isso iria ajudar no seu próprio problema. Está dizendo quase uma piada, mas é verdade: uma terapia sexual. Num sentido literal, como é a terapia sexual? Trepando, não falando. Nesse sentido, penso que se por um lado parece erótico, é também uma destituição do lugar do analista. Não é que o analista é o valorizado e os outros são fracos e desprezíveis, que o analista é bonzinho e por isso fica aparentemente num namoro. Ela tenta resolver a questão por uma disjunção: ou trepamos ou seguimos. Ou corpo ou palavras. Mas penso que o que ocorre aí é o que Lacan chamaria de um *vél,* como ele trabalha no *Seminário 11*, o *vél* da alienação: a bolsa ou a vida[51]. Justamente ele quer marcar que não é um ou outro. Minha maneira de apresentar essas questões está no meu livro de introdução ao *Seminário* da *Angústia*, quando trabalho muito rapidamente o que Lacan apresentou em seu grafo que eu completei fazendo inclusive esses laços, que não estão marcados assim por Lacan[52].

O Grafo dos pisos do *a*

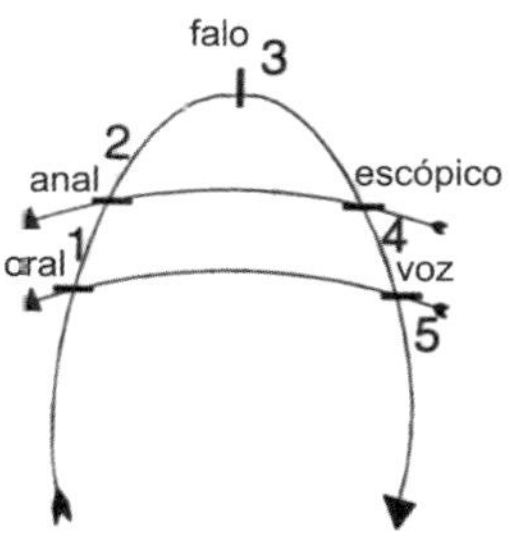


51 LACAN, J. *Seminário 11. Os quatro conceitos fundamentais da psicanálise*. Rio de Janeiro: Jorge Zahar, 1979, p. 201-2.

52 HARARI, R. *O seminário A angústia de Lacan. Uma introdução*. Porto Alegre: Artes e Ofícios, 1997, p. 180.

Eu penso que sejam marcadores por relação de homologia, não de sucessividade, de ultrapassar um a respeito do outro. É uma maneira de mapear isso. Tu podes dizer que num determinado analisante, um desses pólos relacionais tem mais incidência que o outro, tem mais importância que o outro. Isso sim, mas não como superação, pois não é hierárquico. Por isso em Freud apareceriam primeiro as etapas da evolução psicossexual da libido oral, anal, fálica, sucessivamente. Essas são as maneiras freudianas de ver a questão. Lacan acrescenta o escópico e o invocante. Essas articulações que propus são em função da maneira como se percebe o grafo do desejo, da subversão do sujeito. Em função disso que proponho. Não sei se esclareço? Acho que você dizia que era mais de maneira superadora?

P: Sim, me parecia, como afirmação dessa lógica anal. Essa lógica é sempre colocada no discurso dela como uma forma de negação. Um fazer morto aquilo que diz respeito à condição invocante, ou que seja condição oral, ou como as duas aparecem juntas e que a negação de uma é tão forte quanto a afirmação da outra.

RH: Está bem! É um par relacional. Se negas uma, negas a outra. Estão as quatro em jogo, principalmente a questão da libidinização das palavras, e aí colocaria algo da pulsão invocante. Não era a oralidade. A oralidade pode estar na maneira dominante que ela engoliu o pai. A presença do pai bêbado, em todo caso; e Freud diz que é assim, porque a identificação é oral. Como localização libidinal é oral, e se seguimos essa idéia aqui chamada de depressão, invalidez, aposentadoria prematura, tudo isso tem a ver com que ela engoliu o pai. Penso num luto não processado. Por isso não fala, se não fala é uma fuga, ela diz: morto, não enterrado, ou morto enterrado.

# APRESENTAÇÃO CLÍNICA 8

X: É uma paciente que veio ao meu consultório com 13 anos. Ela já deve ter feito ou está fazendo 14. Ela veio acompanhada pela mãe e encaminhada pelo seu psiquiatra. Chegou com um diagnóstico de hiperatividade e déficit de atenção. Na primeira sessão, a mãe se queixou bastante da desorganização da Marcela, vou chamá-la assim.

RH: Desorganização a que nível?

X: Desorganização em casa, com as coisas dela, de arrumação do material escolar, do quarto, com as coisas pessoais e por viver sempre nas nuvens, desatenta. Isso incomodava bastante a mãe. Outra queixa que foi muito forte e que ela colocou logo em seguida é que a Marcela tinha ainda enurese noturna. A mãe dorme com a filha no mesmo quarto, não na mesma cama, e como ela não suportava o cheiro que ficava do xixi, da urina da menina, ela fazia com que a Marcela usasse fraldas para dormir. Ela tinha uma preocupação muito grande com esse controle, pois a menina não conseguia controlar. A mãe também falou que era separada, que tinha dois filhos mais velhos, um rapaz de 31 anos e uma moça de 30 e que a Marcela tinha sido adotada. Isso foi colocado na primeira sessão e por inexperiência minha ou por outro motivo qualquer, eu não questionei muito essa questão da adoção. Foi a primeira entrevista em que apresenta a preocupação com essa desatenção, essa hiperatividade, que fazia com que ela tivesse baixo rendimento escolar. A mãe estava bem preocupada com a escola e fez questão de colocar que Marcela fazia uso de um medicamento, Ritalina. A partir daí a Marcela veio em outras sessões, sempre no horário.

RH: Sempre com a mãe?

X: Não, a partir daí ela veio sozinha. Eu coloquei que a gente precisava se conhecer melhor. Eu perguntei o que ela gostava de fazer, desenhar ou fazer alguma outra coisa. Ela fez alguns desenhos, mas nada muito significativo. Passado umas duas ou três sessões a mãe da Marcela me ligou e disse:

"Eu preciso te contar uma coisa que esqueci na primeira sessão. Eu esqueci de dizer que ela é soropositiva, ela tem Aids." Eu atendi o celular na rua, e disse que era um dado importante e que gostaria de marcar uma outra entrevista para que pudéssemos conversar melhor sobre isso. Eu preciso saber mais da Marcela e o porquê desse baixo rendimento, para que eu possa ajudar. A mãe prontamente foi na sessão que eu marquei. Nós começamos a conversar e eu questionei o fato da Marcela ser adotiva e o que a teria levado a adotar a menina, já que ela tinha um filho com 31 anos e uma filha com 30 anos, filhos já adultos. Nessa sessão ela disse que havia se separado do marido, que é o pai desses dois filhos mais velhos. Depois disso, ela teve um caso, um namoro com um homem, e passado um tempo ela ficou doente e teve uma pneumonia, ficou muito mal e custou muito para ela se recuperar. Então ela resolveu se tratar, ver o que se passava. Foram feitos vários exames e foi confirmado que ela havia contraído o vírus HIV e também estava com AIDS. Nessa época, ela não tinha a Marcela, tinha apenas os dois primeiros filhos. Quando soube que estava com AIDS entrou numa depressão profunda e ficou muito mal. Os amigos que iam visitá-la a aconselhavam a fazer um trabalho voluntário em alguma clínica ou para ajudar velhinhos, pois diziam que ela precisava se ajudar, fazer alguma coisa.

RH: O que quer dizer "fazer alguma coisa"?

X: Fazer alguma atividade para sair daquele estado.

RH: Atividade, mas não terapia?

X: Atividade que pudesse ocupar o seu tempo. Aí ela resolveu fazer visita a creches, asilos e o primeiro lugar que ela escolheu foi o Recanto do Carinho, que é uma creche onde ficam filhos de pessoas soropositivas. Eu até não tenho certeza se todos que estão lá estão nessa condição, eu penso que sim. Ela foi visitar essa creche.

RH: Como fundamentou isso?

X: Não disse e eu também, na hora, não perguntei. Ela disse que quando foi visitar a creche passou por uma menina e esta menina olhou para ela – ela é espiritualista, acredita nisso, inclusive é espírita – e a chamou de mãe. Isso a deixou muito comovida e ela acreditou que aquilo não era por acaso, que a menina a chamou de mãe porque tinha alguma coisa a ver com ela. A partir daí, aos finais de semana ela sempre ia visitar a Marcela na creche. Até então, Marcela tinha um irmão também nessa creche e tinha a mãe viva.

A mãe era usuária de drogas, estava num estado quase terminal e então ela sempre ia visitar a menina e foi se criando uma afeição muito forte por ela. Depois de algum tempo, ela conseguiu ir levando a Marcela para casa nos finais de semana. Ela foi se afeiçoando e os filhos também, e foram criando esse laço com a Marcela. Nesse meio tempo, a mãe biológica faleceu e o menino foi adotado por uma família que ela diz não saber quem é. Ela decidiu então adotar a Marcela, foi esse o motivo que ela colocou de ter essa filha tão caçula. Essas foram as queixas que a mãe colocou durante as sessões.

RH: Por que dizes sessões?

X: Por quê?

RH: Sim.

X: Durante as sessões que a Marcela vinha.

RH: Em relação à mãe, também disseste sessões.

X: Não, não eram sessões.

RH: Isso foi uma entrevista, uma vez?

X: Sim, uma.

RH: Você pensava que seria bom ter sessões com ela?

X: Sim, eu inclusive, nesse mesmo dia, por esses motivos que ela colocou, eu perguntei se ela fazia terapia, se tinha alguém com quem ela se tratava e ela disse que tinha um psiquiatra, mas que não gostava dele, porque com ele não conversava. Justificou dizendo que como ela tinha muito problema de depressão ainda, era ele quem fazia a sua medicação. Eu disse que ela procurasse alguém, que fizesse uma análise, para que ela pudesse trabalhar as questões que estivessem mal resolvidas. Ela disse que tinha muita vontade, que quem sabe ela viesse a fazer comigo, mas ela demonstra sempre muita resistência. Nesse dia, ela me falou isso, mas depois nós nos falamos outras vezes.

RH: Essas outras vezes, eram iniciativas tua ou dela?

X: A primeira vez ela veio trazendo a filha. A segunda vez veio dizer o que havia esquecido, que a filha era portadora do HIV. Depois disso é que ela veio novamente e colocou essas questões de como e por que adotou. Eu perguntei também se a Marcela sabia que ela era portadora do vírus, para que eu pudesse tocar no assunto. Ela disse que ela sabia, mas que era uma coisa difícil, que elas não tocavam muito no assunto. Ela apenas trata a doença, leva a menina ao médico, sempre para ver como está a imunidade. Ela toma o remédio. A partir disso, eu venho sempre atendendo a Marcela e ela é bem adolescente, uma menina muito alegre, muito falante, ela gosta de conversar. Parece bem descompromissada, parece uma menina aparentemente normal, o comportamento como o de outras meninas da sua idade. A queixa dela é muito com relação a mãe ficar tolhendo, não deixá-la viver essa fase da adolescência, de sair com os amigos, principalmente os amigos que ela gosta, aqueles que ela escolhe para sair. No prédio em que ela mora, ela tem um amigo, um "rolinho", um namorico com um menino da sua idade e que gosta muito dela, mas ela não se interessa muito por ele. Ela está sempre assim, não liga muito, não quer e sempre que ele se aproxima para algum contato físico de maior proximidade ela dá gargalhada e leva assim no deboche, assim como quem não quer. Ela sempre diz que tem uma amiga, que ela gosta muito e que a mãe não a aceita, é uma amiga diferente, pelas características dela, por ser *dark*, ela se veste de preto, com aqueles acessórios e tem um visual diferente; mas a mãe não gosta porque acha que não é uma boa influência para ela. Ela costuma dizer que gosta muito dessa amiga por ela ser diferente e também gosta de outros amigos porque são muito bacanas e que esses sim, são muitos legais e que aqueles da escola, aqueles que a mãe gosta, ela não se importa, até porque ela é obrigada a conviver, ou no colégio ou com o amiguinho do seu prédio. Esses, para a mãe, é que são amizades para ela, porque são justamente aqueles que ela não gosta muito. Ela sempre se sente atraída pelos meninos, esses que ela passa na rua, no shopping e nos lugares em que ela vai. Ela diz: "Eu vi um menino, fiquei olhando para ele e ele olhando para mim". A gente sente que ela está naquela fase que os hormônios estão à flor da pele. Ela está interessada, mas sempre que eles se aproximam ela dá um jeito de se afastar, ou ri ou dá uma gargalhada. Ela se queixa de não poder levar os amigos para casa.

Uma coisa que eu esqueci e acho muito importante que a mãe colocou, nessa segunda sessão que foi para contar como adotou a menina. Ela disse que seria bom se eu conseguisse investigar um fato que ela desconfiava que tivesse acontecido, que a menina teria sido abusada quando pequeninha, pois a Marcela foi adotada com três anos e bem nessa idade de dois ou três anos ela acreditava que a filha tivesse sido abusada, não disse onde, nem por quem, só disse que acreditava nisso. Explicou que quando ela levou a menina para casa, quando ela a adotou, a menina fazia movimentos e sons como se ela estivesse tendo um ato sexual. Eu perguntei o que a levava a pensar que ela teria sido abusada e ela disse que era por causa daqueles sons e dos movimentos. Como não tinha muita certeza, quando ela voltava lá na creche, em uma das vezes, ela resolveu perguntar às moças e enfermeiras se elas observavam isso, esses sons e movimentos e as moças disseram que sim, e confirmaram o que ela pensava, então por este motivo. Eu tentei inclusive, conversando com a Marcela, certo dia, puxar alguma coisa da infância dela, se ela lembrava alguma coisa antes da creche, no período em que ela morava em casa. Ela disse que a única coisa que lembrava nitidamente, era que estava aprendendo a andar de velocípede e caiu, machucou o joelho, a perna, e quem veio com muito carinho e a atendeu foi o pai, que na verdade não era o pai, mas ela o tinha como pai, que era o companheiro da mãe naquela época e não o pai biológico. Ela tem uma lembrança com muito carinho desse pai. Outra coisa que ela disse que lembra de pequeninha, com essa idade, é que eles moravam num quartinho, bem pequeninho, e esse quarto era praticamente a casa, eles eram pobres, moravam num morro e moravam todos nesse quarto. E aí eu aproveitei para perguntar se ela lembrava, porque criança, às vezes brinca, e como a mãe havia falado no abuso, às vezes, a criança brinca com o irmão ou com alguém de tocar no outro, porque é uma fase de descoberta. "Você lembra de alguma coisa?". Ela disse que não, só se fosse alguma coisa de sonho. Eu perguntei se ela sonhava com alguma coisa e ela disse que não.

RH: Como se desenvolve, vamos chamar de a terapia? Qual é o laço contigo?

X: Eu acho que ela tem uma transferência grande, ela vem, ela fala.

RH: Uma vez por semana?

X: Uma vez por semana. Ela vem, sempre chega no horário, não falta. Normalmente, quando falta, que é raro, ela avisa e geralmente por um motivo importante. Inclusive isso me fez lembrar de duas coisas. Recentemente a mãe da Marcela me ligou dizendo que precisava falar comigo e então marquei uma sessão com ela. Neste dia, antes dela eu estava atendendo a mãe de um paciente meu e na sala em que eu atendo não tenho secretária, tem uma antessala que serve também para vários outros consultórios. O comum é que os pacientes cheguem e na primeira sessão a gente até abre a porta, porque a pessoa não sabe, mas depois se espera que o paciente bata no horário; se o profissional está livre, atende ou não. Ela falou que queria conversar comigo, eu marquei, ela foi e eu estava atendendo a mãe de um paciente. Não sei se distraidamente passei um pouco do horário, até porque era um assunto relevante e eu estava ouvindo essa mãe e, em seguida, quando fui levar a mãe que estava atendendo até a porta, vi que tinha um bilhete por baixo da porta. Peguei o bilhete e estava lá: "Por motivos de estar acompanhada de meu filho mais velho e por você ter atrasado, não pude esperar". Aquilo mexeu comigo, pois não tinha sido um atraso tão significativo assim. Liguei para ela e disse se ela queria remarcar, porque na verdade eu estava atendendo uma pessoa e o comum é que os pacientes batam na porta. Ela disse que foi embora porque eu não abri a porta para ela. Como eu não estava esperando e não abri a porta para ela, ela foi embora. Eu perguntei se ela queria marcar outra sessão para conversarmos, ela disse que no momento não podia porque ia fazer uma viagem e que a filha não havia ido porque estava fazendo as provas finais na escola e coisas assim. Aí ficou por isso. Agora, recentemente, na passagem do ano, eu liguei para avisar a data que eu iria retornar, já que eu não tinha estado pessoalmente com ela, e aproveitei para desejar uma boa entrada de ano e saber da Marcela com relação à escola, porque como ela ficou em provas, queria saber se ela tinha sido aprovada. Ela me disse que na verdade a Marcela foi reprovada, mas a menina estava indo razoavelmente bem. Contou que ela encontrou um amiguinho, filho da professora ou filho de um amigo da professora, e ele conseguiu contar que a menina estava chateada por ter sido reprovada e parece que ela foi aprovada porque esse menino interferiu. Ou seja, foi como se eu não tivesse trabalhado com a menina, aí não sei. Teve também uma questão bem louca, acabou a bateria dela, deve ter acabado porque caiu a ligação e não retornou, nem eu retornei. Então ficou essa coisa assim, sabe?

## COMENTÁRIOS DE ROBERTO HARARI

RH: Temos nesse caso esse motivo de consulta já mais ou menos clássico de dominância cognitivista-condutista. Estas siglas estranhas como hiperatividade e outras congêneres ou a derivação psiquiátrica, condiciona como se fosse esse o verdadeiro motivo de consulta. Eu fiz uma observação para a analista e vocês escutaram várias vezes como a questão entre entrevista e sessão esteve o tempo todo presente, especialmente com a mãe. A última era uma sessão. Evidentemente, era uma expressão de desejo que não pode respeitar, pois era bastante difícil a Marcela sem a mãe. A mãe, durante todo esse episódio, dá a idéia que a menina aparece como uma menina enviada para ela, pois a menina diz "mãe" e assim ela é a mãe. Essa é uma maneira de fazer real o simbólico. Podemos dizer que esse é um momento delirante desta mulher, encaixado muito bem na realidade, mas que não metaforizou. Se chamou ela de mãe, ela é a mãe. Fez do simbólico um real. Não sei se é o fato de entrar num delírio coletivo, e me desculpem se falo assim, do que implica ser espírita. Na medida em que é coletivo, ninguém diz que é um delírio e então podemos perfeitamente acreditar nas mensagens que chegam do Outro, do mais além. Tudo isso está dizendo que tem um ponto de dificuldade para que esta mulher possa escutar outra coisa que estas mensagens místicas. Podemos dizer que as mensagens cotidianas, especialmente de uma psicanalista, não têm, maiormente, transcendência. É interessante a maneira como aparece a questão da dialética entre trauma e fantasma, e esse é o ponto que vou me centrar entre outros. Especialmente porque estava para perguntar à analista o que acontecia com a sexualidade e aí apareceu um dado posterior, essa questão dos movimentos, dos sons sexuais. Evidentemente, a mãe entende aí, de uma maneira deslocada, uma verdade: o sexo vem de fora, o sexo vem introduzido pelo Outro. Só queria dar essa versão estupradora, "abusiva", porque vem do Outro e não temos o que refutar. Pode ser que seja como Freud com o Homem dos Lobos, que queria ver se efetivamente esta cena traumática existiu ou não, podendo assim levar a uma investigação da realidade. Aí está o ponto: o que é o mais definitório, que isto tenha sucedido ou que hoje esteja presente no fantasma, que sai por esta via da hiperatividade, dos movimentos? Nós podemos ver perfeitamente a maneira sexual, quase como micro ataques histéricos. Sabemos que o componente sexual é a maneira como está jogando no próprio corpo a bissexualidade, conforme com o que Freud estudou dos fantasmas histéricos e sua relação com a bissexualidade. Poderia ser que isso fosse uma saída histérica para esta menina, especialmente por esses jogos que tem feito. Tem razão a analista, pode ser uma normalidade, mas uma normalidade histérica, as duas maneiras: jogar, seduzir, depois gargalhar, se afastar e a questão do contato físico que não vai além disso. Vou dizer para vocês uma coisa que pode soar um pouco estranha, mas em função de nosso seminário *Do pai em psicanálise*, podem entender: a AIDS é o Nome-do-Pai para as duas. Então isso cai nesse lugar onde estabelece uma genealogia. Dá uma referência, muito louca, muito estranha, muito doente, mas que abre esse lugar que não é do pai, por esse homem meio difuso que aparece com carícias, com essa função pouco desenhada. Esse pai que não é um pai e que sustenta, na realidade, esse lugar de pai. Mas a AIDS, quando a analista começou a me dizer, era o momento do viver, quem quer que tenha AIDS. Vamos jogar com o significante: soropositividade, pois consegue fazer daí uma série, não só o *zero*, senão que temos mais um e mais dois. Positivamos a série dos números e aí aparece esta estranha maneira de se estabilizar. É semelhante quando vem um Nome-do-Pai que vem dizendo: "Sou adicto, sou maconheiro, sou cocainômano". É um modo de dizer que tem uma estirpe, que tem uma genealogia, uma participação. Sou membro dessa família, como sou membro da família AIDS.

Evidentemente aí tem também esse laço "estragador" entre mãe e filha, em que a filha está como quando se dá a co-habitação em que a estimulação se dá pela presença dos corpos entre um adulto e, nesse caso, de um filho. Há uma tormenta pulsional, pois há uma filha púbere, pré-adolescente e a presença desse outro corpo tem, para a mãe, estimulação constante. Não tenho dúvidas de que a menina está cumprindo sua função fálica. É interessante a pergunta, se já tinha seus filhos, que lugar vem ocupar este falo chamado Marcela? Entendo esse lugar em função de que os outros são grandes, fazem sua vida e essa mulher precisa então dar um objeto para si, diretamente para ela. Essa maneira de reagir na sala de espera do consultório, que leva em conta essa impossibilidade de suportar a demora, dessa exigência brutal. Não é uma demanda, é uma exigência, é outra coisa que uma demanda neurótica. Passando o bilhete, negando a possibilidade de marcar novo horário, jogando com isso que acontece em muitas ocasiões, com essa desgraça de HDD, sigla dessa presumida afecção, que sempre é colocada em cena em função do sucesso escolar ou não. Não tem outro critério, outro parâmetro: se funciona para o sucesso escolar, está bem, se foi reprovada a terapia está igualmente reprovada. Direto assim, não tem outro critério. Esta mulher não aceita que se trata de trabalhar alguma questão dela.

Queria voltar à dupla do trauma e fantasma. Se conseguimos nos centrar na questão fantasmática, marcamos uma diferenciação, aí estamos na "lógica do fantasma", como diz Lacan, exatamente na pertinência analítica.

Temos aí um dos fantemas clássicos da psicanálise, descobertos pela psicanálise como universais, que se chama o protofantasma da sedução. Pode ser uma sedução violenta, e foi isso que Freud detectou nas primeiras histéricas – as "violações", os abusos –, tudo isso que depois Freud disse ter feito um luto, pois teve que renunciar a sua *neurótica*, a sua teoria, porque não eram abusos, eram fantasmas, ou seja, desejos. Um desejo de procurar um homem, porque até agora a sua libido está colocada nela, com isso dos sons e dos movimentos, que podia ser como essas histéricas a maneira charcotiana. Pequeno ataque histérico e não grande ataque histérico ao modo das apresentações na *Salpêtrière*, com perda da consciência, mas um pequeno ataque histérico que tem que tomar em consideração se não é uma maneira de deslocar essa libido para um objeto de carne e osso. Ela aparentemente se libidiniza. Fala dos garotos da rua, do shopping, sempre muito bonitos, mas como imagem. Há um passo necessário para o ato que não está dado até agora. Não sabemos se vai poder dar esse passo, essa passagem, ou não. Escutei também o significante imunidade, como se essas duas estão imunizadas a respeito de um homem, se vai poder entrar um homem ou não. Estão imunizadas a respeito da presença desse corpo, desse pau, finalmente, que cortaria aqui este laço tão brutal que tem entre as duas.

RH: Bem, deixaria aqui a palavra para vocês. Só mais uma questão: paradoxalmente, teríamos que ler a desorganização como uma *Verneinung*, uma denegação. Há uma grande organização entre as duas. A questão seria como conseguir alguma desorganização que movimentasse alguma coisa. Aí nós podemos ler o significante da denegação. É a nossa pergunta pela *Verneinung*, cuja queixa é a desorganização.

P: Essa desorganização entre elas não podia ser justamente essas amizades que a menina tem, pois ela fala justamente das amizades que a mãe vai contra, os amigos preferidos são amigos que desorganizam esse acordo que há entre ela e a mãe.

RH: É uma desorganização que, até agora, fica na metade do caminho. Mas você tem razão. Coloca na mãe a dificuldade, mas é mais fácil dizer que ela tem o desejo e a dificuldade fica fora. O próprio desejo e as dificuldades próprias ficam diretamente colocados na mãe, como sendo ela que exige, que escolhe os amigos, que exige esse tipo de companhia e não outras. O impedimento vem da mãe e não dela própria. Ela fica longe de tomar em consideração por que faz esse jogo de aproximação e fuga. Evidentemente que essa mãe dá o que tem para a filha, como para uso próprio. Lacan diria que está para uso sexual da mãe. Além de que seja estuprada, evidentemente não é isso, está ocupando o lugar libidinal para compensar a depressão da mãe. Isso tem a ver com a presença desta filhinha, preenchendo aí um buraco. Nesse sentido, um prognóstico difícil, se não se remove este laço com esta mulher e não sei se aí se pode colocar as fichas em função desse desenvolvimento.

P: Essa foi a única coisa que ela falou que poderia mudar, ser diferente disso que a mãe estava pedindo, pois se a menina faz xixi, a mãe coloca fralda porque não quer sentir o cheiro. Enfim, os amigos apareceram como a única possibilidade dela estar fazendo alguma coisa diferente. Ela tem só treze anos, então talvez tenha amigos muito diferentes dela, que usam preto, que se vestem diferente, que falam diferente.

RH: Em geral, quando dizem uma coisa assim, quer dizer que esses amigos representam uma coisa distinta dela. Não são eles os distintos, mas sim que ela consegue como que colocar em cena um afastamento da mãe, mas a meias. Também essa questão regressiva no relacionamento com a mãe, pelas fraldas. Isso é muito mais para o lado de se colocar passivizada nesse serviço sexual, conforme estava me referindo, do que ter uma atividade sexual.

P: Pensando na mãe ao colocar fralda nessa garota púbere que dorme no mesmo quarto que ela, não poderia ser não querer sentir o cheiro de sexo, de uma vagina excitada, que está ali tão próxima, porque tem o lado da criança, como você falou, mas tem o lado da mãe também. Para não sentir que a garota é púbere, coloca uma fralda nela para não sentir que é o cheiro de xixi. Eu só queria comentar sobre isso também.

RH: Está num lugar regressivo, evidentemente. A dificuldade para aceitar o desenvolvimento dessa menina, provavelmente seja o que provocou a consulta. Como aceitar essa maneira de explodir o sexo? Esse sexo agora vaginal, não sexo uretral, tem outra expressão como suco vaginal; daí tratá-la como se fosse uma recém-nascida.

P: Eu fiquei pensando e ouvindo a dificuldade da analista em definir em que momento é a mãe, em que momento é a filha. Fiquei escutando a dificuldade que é sustentar esse atendimento terapêutico, ou seja, uma análise com uma criança, quando é a mãe ou o adulto que deposita esta criança, no caso a mãe que vem e tenta fazer o jogo de colocar e recolocar sua libido na forma de um filho. Eu acho que a análise com criança está sempre nesse limiar de como se posicionar diante dessa demanda materna ou dos pais. Eu queria saber diretamente se não é o caso ou em que situação poderia ser decisivo a analista convidar essa adolescente, que fala tanto, que está tão bem transferenciada, segundo a analista, ao divã. Em que momento você vê a possibilidade desse caminho?

RH: Se te acompanho no que dizes, eventualmente, fazer sessões das duas? Conjuntamente, por exemplo, à maneira de Maud Mannoni. Não, não é isso?

P: Não, seria convocar a própria adolescente ao divã. Se há essa possibilidade?

RH: Não temos elementos até então, mas poderíamos ver como estão em jogo os significantes da transferência. Por exemplo, se a analista aparece em sonhos. Se aparece mais nitidamente uma demanda que poderia justificar a consolidação em ato do artifício analítico. Provavelmente te atribuí uma coisa que eu estava pensando, já que tu pegas a maneira de desenhar aqui a terapia, em função de escutar que quase o tempo todo a analista falava das sessões da mãe. Por isso estou dizendo que no início poderia ser a questão de marcar um desejo que esta mulher tem que ter sessões, pela maneira que foi dito pela analista. Não simplesmente de uma maneira profissional mais usual, fazendo encaminhamento, e sim ter sessões com ela. Provavelmente, como é um laço tão grudado, poderiam ocasionalmente, fazer sessões as duas. É difícil, porque esta mulher, como você bem disse e como acontece com as análises de crianças, vem sempre para trazer uma novidade. Isso é muito comum na minha experiência, a paciente diz: "Quero falar só um minutinho com você"; em geral quando termina a sessão, e prossegue: "[...] aconteceu uma coisa muito importante que o senhor não sabe e tenho que dizer [...]". Se nós pensamos o que acontece nas sessões, para nós interessa a sessão. Trazer o que se passa fora delas é sempre uma maneira de não delegar o filho. Quem tem a última palavra é a mãe, e isso ocorre mais freqüentemente com as mães; a mãe "somente" quer contar que "hoje na escola, aconteceu uma coisa muito importante", como quem diz "se o senhor não sabe isso, todo o resto não serve". Para nós, a nossa unidade de análise, sublinho mais uma vez, é a sessão. De alguma maneira isso vai surgir, mas não é essa novidade fundamental que vai nos guiar. Essa mulher não entende isso, é claro. Essa mulher se faz especial, quando diz uma coisa como a AIDS, como uma coisa muito importante. Aí ela está auto-gerando esse convite. Se faz convidar pela analista, mas incidiu muito diretamente para ser convocada. Oferece algo para ser demandada, ou seja, é uma demanda de demanda. Por isso, a idéia de fazer sessões conjuntas, provavelmente seja uma utopia isso, não realizável. Mas, como utopia, seria o ideal poder trabalhar diretamente com este par tão grudado.

P: Eu gostaria de comentar certo momento em que apareceu um significante, da garota ser reprovada. Sublinho reprovada. Mostrou como a mãe a está constantemente reprovando nesse momento do despertar do sexo. Despertar para a possibilidade de outros, para fora da mãe, neste sentido. O interessante é que isso surge justamente nesse momento da vida sexual da menina, essa reprovação ou essa espécie de regressão da menina em evitar esse encontro, que está cada vez mais se aproximando. Nesse momento ela parece que ensaia isso e eu achei interessante o momento em que ela fala para a analista que a escola a reprovou, mas um garoto a aprovou. Achei interessante o momento em que ela se queixa da escola como representante dos amigos de bem, como ela diz, e este garoto que tinha que ver com esses outros amigos *dark*, esses que estão um pouco à margem para a mãe. Eu queria era mais colocar essa possibilidade de um garoto que a aprova.

RH: Eu acho que é um significante usado pela mãe para mostrar, de uma maneira ou outra, como consegue o que ela se propõe, que esse garoto é mais importante que a analista. Nesse sentido, a primeira coisa que disse é "foi reprovada, mas [...]", deixando subentendido o que segue: numa manobra magistral, através de uma espécie de contrato perverso, pela via transgressora, eu consegui o que queria. Esta é uma construção tomando em conta o nosso exercício. Sabendo que são coisas conjeturais, porque para essa mulher o ponto fundamental é essa aprovação. Se aprovou, prosseguirá então esse atendimento ou já conseguiu seu alvo? A questão vinha por essa famosa síndrome americana congnitiva-comportamentalista, que é especialmente onde tem sua expressão máxima. O déficit de atenção que repercute em aprendizagem, enfim tudo isso que para os pais é o ponto fundamental. A injúria narcísica está aí. Das outras coisas não têm registro, mas a escola tem valor, valor ideológico, fantasma de grande progresso, o que implica o lugar de conhecimento; enfim, isso vale mais do que essa menina se conheça. Eu acho que foi uma saída desafiante contra a analista. Eu consegui, pela via tortuosa desse garoto, pelos meus contatos, e a analista não conseguiu. Aí está uma questão concorrencial com a analista, para dizer que a analista "fracassou".

P: Por tudo isso, pergunto: quem é a paciente, se é a mãe ou a Marcela? Não seria mais interessante, já que a utopia é alcançar as duas, atender a Marcela?

RH: Tu, o que achas?

P: Acho que sim. Confesso que fiquei confuso em relação a quem era a paciente.

RH: Eu penso que também no momento de falar sobre a AIDS ficou confuso. Onde estava localizada a AIDS?

P: Ainda penso que a mãe tinha AIDS e passou para a filha. Não era assim?

RH: Não sei. Mas está bem. Mais uma vez, não se trata desse abuso pelo qual teria passado, pois esse mal entendido tem a ver com uma coisa que é o laço entre as duas. Quer dizer, o Nome-do-Pai, evidentemente passou para a filha para além da questão realística empírica, em que não importa se isso tem a ver ou não com a realidade biológica. Passou para a filha como uma coisa estabilizadora. O paradoxo é que isso tem que se manter como laço entre as duas. Uma referência triádica, que vem de fora e tem esse nome, AIDS. O sobrenome das duas é AIDS. Não gosta do psiquiatra, evidentemente, pois a sua terapia é ser espírita. Está aí o ponto de equilíbrio, é no espiritismo onde está o Sujeito-suposto-ao-Saber, de onde chegam as verdades e confirmam o fato da Marcela. A presença da Marcela se efetiva por essa palavra quase delirante, que pode dizer qualquer menina: "Tia, mãe"; mas daí acreditar que isso é, esse passo adicional, na minha leitura, é psicótico; é confundir foraclusivamente o simbólico com o real. Isso não se discute, isso é assim. Se chamou de mãe, é mãe. Então tinha que prosseguir se encaminhando para a maternidade. Essa é a mensagem bem a maneira mística. Neste sentido, essa é a terapia, se tem esse ponto de estabilização terapêutica, é difícil deslocar esse ponto do Sujeito-suposto-ao-Saber para a analista. Estava dizendo que era utopia, que seria o ideal sim, mas o ideal está nesse nível, só do ideal.

# APRESENTAÇÃO CLÍNICA 9

X: O caso clínico que vou expor hoje é de um jovem que eu atendi quando ele tinha 26 anos e vou chamá-lo de Édio, nome fictício, nome que me ocorreu agora. Ele me procurou através de uma prima que tinha feito um tempo de análise e ela indicou meu nome para ele. Quando ele chegou para a primeira entrevista, o que ele colocou daquilo que o fazia buscar uma análise, é que estava sofrendo vários tipos de medos, fobias.

RH: Ele disse fobias ou medos?

X: Ele já disse fobias. Ele tinha medo, por exemplo, de atravessar a ponte na cidade em que morava no interior, era uma cidade litorânea. Ele tinha medo de atravessar a ponte e muitas vezes ele precisava que alguém viesse junto com ele no carro. Em especial quando começava a se aproximar da metade da ponte. Ele começava a ficar mais angustiado com isso. Isso ele conseguia controlar razoavelmente. Outros medos que ele tinha, era um pavor de andar de avião, em especial quando o avião estava numa certa distância que parecia que estava num ponto entre muito longe de onde ia e muito longe de onde saiu. Também aí aparecia esse medo, essa angústia que ia dando. Ele supunha que dava isso. Depois ele tinha muito medo de entrar em qualquer bar ou ir em lugares de festa. Ele também disse que de um tempo para cá, ele tinha engordado.

RH: O que acontecia nestas festas?

X: Ele tinha medo de entrar nesses lugares. Isso ele colocou na primeira entrevista. Ele tinha dito que engordou 28 quilos, estava com 98 quilos, 1,70m., e nos últimos tempos, ele também estava tendo dificuldades sexuais. Ele até conseguia uma ereção, mas no momento em que a mulher se desnudava, perdia; às vezes ele conseguia uma penetração rápida com uma ejaculação precoce ou acabava nesta visão e ficava ansioso e acabava perdendo a ereção. Isso são coisas que faziam parte desse mal-estar. Durante muito tempo ele dizia que era filho de uma pessoa importante dessa cidade onde o tio era também uma pessoa influente; enfim, de certa forma a cidade era influenciada pela família, pelo pai que era uma pessoa rica. Durante muito tempo, durante sua adolescência, fazia racha de carro, sendo que bateu de carro muitas vezes, mas como o juiz, o delegado, essas pessoas eram de alguma forma ligadas ao pai, ele sempre se livrava de receber alguma punição, então continuava com isso.

RH: Isso o quê?

X: Isso de ficar fazendo "racha", às vezes batendo com o carro. Uma vez chegou a "capotar" o carro, destruindo-o e se machucando muito. Isso mais de uma vez.

RH: Um risco para ele?

X: Um risco para ele. Um risco sério para ele.

RH: Com ferimentos?

X: Sim, com ferimentos. Chegou a ir para o hospital em muitas dessas vezes. Nesse tempo ele começou a consumir drogas. Cocaína, maconha, muito álcool, muito cigarro. Com os amigos, na noitada. Até certo momento em que seu pai, aos cinquenta e dois, cinquenta e três anos teve um infarto fulminante no apogeu da sua vida política e da sua ambição, etc. Ceifado nesse momento, faleceu e foi um choque para a família.

RH: Isso faz quanto tempo?

X: Isso foi em 1987. Quando ele veio para a análise estava com 26 anos e isso foi quando ele tinha 20 anos.

RH: Ele tinha 20 quando o pai morreu?

X: Ele tinha 20 quando morreu o pai. Depois que morreu o pai ele ficou ainda mais revoltado, digamos, porque ele era o último filho e se dizia muito mimado pela mãe, mas era o irmão mais velho que seria o herdeiro político do pai, que o pai levava o irmão para todos os lados e não ele. Ficava muito protegido pela mãe, que ele descrevia como uma mulher muito bonita, mas muito infeliz, ele achava. O pai nunca o levava nos lugares de importância política, sempre achava que ele era um cara atrapalhado, destrambelhado, não ia dar em nada. Às vezes o pai dizia para a mãe: "Ah! Você estraga ele, fica mimando". Ele, um pouco tinha raiva disso e um pouco se conformava com isso, com esse lugar que o pai o deixava meio de lado. Depois que o pai faleceu repentinamente, nos dois anos seguintes, ele ficou ainda mais revoltado e aumentou o consumo de droga, assim como aumentou a intensidade dos acidentes de carro. Nesses dois anos houve quatro, em dois ele capotou o carro, quebrando costela, ficando no hospital por mais de trinta dias. Isso o abalou em parte, ou um pouco, mas ainda não serviu para parar.

Num determinado dia ele estava numa festa, num bar com os amigos, cheirando, já tinha cheirado, bebendo, fumando, etc. Num certo momento ele começou a sentir uma sensação que iria morrer. Uma angústia muito forte. Uma sensação de que seu coração iria parar. Isso o foi deixando cada vez mais apavorado, em pânico. Ele se jogou no chão, em posição fetal, gemia e dizia: "Não quero morrer, não quero morrer, meu coração parou, meu coração parou". Levaram para o hospital, deram um calmante na veia e a partir disso ele desenvolveu esses medos. A partir disso ele não cheirou mais, não fumou, não bebeu e a idéia de entrar num bar lhe causava angústia, ou numa festa ou qualquer coisa assim. Se ele estivesse em algum lugar que sentisse o cheiro de maconha já dava um princípio de angústia.

RH: Ou seja, parou com as drogas, com o álcool...

X: Parou com tudo!

RH: ...com as festas.

X: Parou de fazer isso que fazia com os carros; deu uma parada a partir disso. Numa série de entrevistas, questionava o que ele imaginava que poderia estar ligado a isso.

RH: Nesse momento em que ele parou com tudo, não é o momento da consulta contigo?

X: Não, foi depois ainda.

RH: Quanto tempo, mais ou menos? O que aconteceu? Por que não pediu análise naquela ocasião? Esse, na verdade, é o fundo da minha inquietude.

X: Essa prima que fez análise é que conversou com ele, porque ele tinha tentado psiquiatras e várias outras coisas.

RH: Foi ao psiquiatra?

X: Fez terapias, vários outras coisas neste sentido.

RH: Não foi a primeira experiência contigo, então?

X: Não, foi a médicos, psiquiatras, psicólogos, terapeutas, enfim. Mas ela queria que ele fizesse análise, com um psicanalista.

RH: E ele de alguma maneira adiou isso?

X: Quando ela colocou para ele, duas semanas depois, ele me ligou.

RH: Mas os psiquiatras, psicólogos, tudo isso, quem encaminhava?

X: Pessoas da família dele, a mãe, pessoas da cidade, o médico da cidade. Pesquisando com ele esse início do quadro de angústia e de fobia, ele lembrou que dois dias antes daquela festa em que pensou que ia morrer, uma amiga dele disse que uma outra amiga que conhecia, que era médium, tinha recebido uma carta psicografada do pai dele. Nessa carta o pai lhe dizia da preocupação que tinha com ele. Ele (o pai) estava vendo como ele estava desperdiçando a vida, como ele estava se arriscando, como ele não estava fazendo nada certo na vida. Que estaria jogando a vida fora e todas as coisas que ele poderia fazer, as oportunidades, e que o pai estava muito triste com isso, segundo essa carta. O pai achava que em qualquer momento iria haver uma mudança muito forte na vida dele. Isso na carta que a médium traz. Agora não me lembro quanto tempo antes da festa, dois dias antes, aproximadamente. Nesse tempo, aproximadamente dois dias, ele teve, pela primeira vez esse efeito nessa festa. Esse medo intenso de morrer que daí permaneceu nele em relação a muitas coisas.

De alguma forma, a carta desse pai morto, a mim pareceu, na época, que tinha produzido efeito nele. Quando eu o estava atendendo, percebi que a carta produziu nele todos esses sintomas, essa angústia com que ele não parecia ter sido confrontado até então. Muito protegido pela mãe, e por fim isso. Depois disso ele não conseguia mais entrar em bar, nas festas ou em qualquer lugar que tivesse bebida, álcool ou a possibilidade de algum tipo de droga. Mesmo durante um tempo, até mesmo para dirigir, ele passou a ficar, digamos, amedrontado de dirigir sozinho. Se antes ele andava a 160 Km/h. e fazia cavalo-de-pau e toda uma série de coisas, nesse momento não fazia nada.

Em relação à sexualidade, ele disse que antes cheirava, fumava e transava com garotas de programa e não queria nem saber de usar camisinha, nem nada. Ele estava a fim de meter e pronto. Depois disso, há essa inibição da sexualidade, essa queixa dele e que começa a engordar, quer dizer, ele começa a comer mais. Ao retomar a sua história, ele lembra, por exemplo, que na infância ele teve pouco contato com o pai, estava sempre ligado a outras coisas e que muitas vezes a mãe o levava para dormir com ela, na cama. Às vezes o pai dizia algo do tipo: "Você vai estragar esse guri". Mas, enfim, ele passava muitas noites fora e ela o acusava de ter outras mulheres. O pai acabava deixando. Segundo ele, o pai se ocupava muito do irmão mais velho, que mesmo numa certa idade, ainda pequeno, o levava junto. Havia também uma irmã que não recebia nem muito cuidado da mãe, nem do pai e tem uma vida mais independente. Segundo ele, é a que estava em melhor posição.

Ele falou que durante muito tempo, no início, idealizava muito esse pai e também o irmão. Esse é que era inteligente, que era um político capaz. Ele era uma pessoa que não iria chegar a nada. Tinha desistido de estudar. Nessa época, na adolescência, não ia à aula e sempre tinha uma idéia de por que tinha que ir à aula se o pai tinha muito dinheiro, era dono da cidade. A família da mãe também era rica e tinha essa dimensão de ter sempre alguém que o bancava. A idéia dele era que ele podia aproveitar a vida. Isso até esse momento em que ele tem essa profunda crise de angústia que se repete em menor grau em algumas situações, como por exemplo, quando estava viajando de avião e num certo momento ele começa a ter isso dentro do avião. Uma vez ele estava indo para São Paulo e começou a ter um ataque de angústia, de pavor, mas conseguiram segurá-lo e alguém ali lhe deu um Valium 10mg. Ele tomou e alguém disse: "com um Valium 10 você vai ficar calmo". De fato ele ficou, ele dormiu e a partir de então ele começou a usar um Valium 10 no bolso. Quando ele tinha a sensação de que algo iria sair do controle, ele colocava a mão no bolso e sentia o Valium 10. Assim se acalmava, porque sabia que podia tomar aquilo e isso ficou uma coisa muito forte nele. Uma proteção.

RH: Mas tomava ou não?

X: Não tomava, ficava pronto, quase como um remédio talismã digamos assim, de proteção para ele. A princípio ele se queixava da mãe que o protegia muito e achava que a situação hoje estava ligada a isso. Aos poucos foi se dando conta que o pai tinha falhado com ele, que dava muita atenção para o irmão, que ele idealizava e aceitava que o irmão era superior mesmo, mais inteligente, mais culto, etc., mas aos pouquinhos ele começou a perceber uma inveja, um ódio por esse irmão. Normalmente nas situações nas quais ele se deparava com alguém que o fazia se sentir mal, ele não tinha coragem de se colocar, de dizer alguma coisa. Ele tinha sempre uma tendência de agradar muito o outro. Fazia sempre esse agrado, de sempre deixar pra lá, sempre estava disposto a manter bem uma situação mesmo que fosse de conflito. Fazia de conta que estava tudo bem, sempre se mantendo, por mais raiva que tivesse. Ele dizia muito: "eu tenho uma baixa auto-estima".

RH: Todos os analisantes dizem isso. Uma influência *psi*, e que a questão seria elevar a auto-estima.

X: Ele dizia que não gostava do corpo dele, o tamanho dele, achava que ele era burro, que não tinha capacidade, que no fundo talvez o pai tivesse razão. Na medida em que ele foi falando, ele foi fazendo uma boa transferência. Ele começou com uma vez por semana, depois quis passar para duas e finalmente para três, mesmo vindo de uma cidade a certa distância daqui. Chegou um momento, então, que ele fazia três vezes por semana. Houve uma coisa curiosa, a partir de um momento já muito transferenciado, por exemplo, quando ele ia fazer um cheque, e aconteceu muitas vezes, colocava um valor a mais. Por exemplo, era quatrocentos, ele colocava seiscentos. Eu dizia e ele ficava surpreso com aquilo, como é que poderia ter colocado aquilo. Em função de eu ter falado para ele algumas vezes, parou, mas começou a trazer presentes. Trazia queijos, às vezes vinhos, tudo coisa que ele supunha que o analista gostasse.

RH: Em datas tradicionais como Natal, Fim de Ano?

X: Nessas datas também, mas também em outras, em datas comuns; por exemplo, houve uma época em que costumava trazer doces.

RH: O que dizia, por que trazia esses presentes?

X: Ele dizia que isso lhe dava muita satisfação. Ele ficava muito contente em poder trazer essas coisas para mim. Ele sempre desejava que eu pudesse ter um almoço, um jantar ou que ele pudesse preparar de uma determinada maneira, aquilo. Ele ficava muito feliz pelo fato de que eu aceitava. Isso dava muita felicidade, uma sensação de aceitação dos seus objetos e eu percebia que isso aumentava os laços transferenciais e fazia com que ele viesse e quisesse vir.

Chegou um momento, depois de certo tempo de resistência, em que ele falava e parava, que tinha essa maneira de se colocar, falava um pouco e parava, ele começou cada vez mais a se submeter à associação livre e isso gerou um fluxo de fala, algo que foi aumentando nesse sentido. Nessa época ele me trouxe um fato que não tinha colocado até então: que na época quando estava com 18 ou 19 anos ele tinha engravidado uma garota entre essas que ele transava. Ele não sabia, mas se arrepiava só com a idéia de que ele ia ser pai de uma garota. Depois é que veio a saber que era uma menina. Ele sempre tinha uma rejeição a esse lugar. A mãe se ocupou disso, deu dinheiro para a garota. A mãe tentou fazer primeiro com que a garota abortasse, mas ela foi contra, a família dela foi contra porque, diz ele, ter um filho ou uma filha com uma pessoa de sua família era, um pouco, garantir essa dimensão da segurança financeira. O que ela pediu de pensão era muito alto. Eles tentaram fazer uma porção de coisas, mas não deu certo e durante muito tempo ele rejeitou isso, não queria saber, não queria conhecer essa menina. Só depois, já em análise, ele disse que um dia ele acordou de manhã e viu a moça passar com aquela menina e pela primeira vez ele sentiu alguma coisa, um desejo de conhecê-la. Começou a ter contato com ela e ter vontade de fazer esse movimento em direção a ela, até que depois de alguns meses, ele resolveu registrá-la no nome dele e começou a levar a menina para a casa dele, para o seu ambiente, enfim, e se colocar como pai, dizer minha filha, neste sentido. Nesse período, trazia isso a cada vez que ele se relacionava.

RH: Estimulaste isso? De alguma maneira?

X: Não, não houve estímulo, isso ele colocou. Num certo momento ele disse que viu a menina e sentiu isso, sentiu essa vontade de se aproximar, de conhecer.

RH: Foi um encontro ao acaso, na rua?

X: Ele a via de vez em quando, mas teve um momento em que ele sentiu algo diferente, ele sentiu essa vontade de conhecer, de chegar mais próximo dessa menina. Antes ele via, ele mudava de lugar, saia do lugar, saia fora para não ser visto. A mãe da menina dizia: "olha lá teu pai"; e ele saia correndo. Mas dessa vez ele acabou fazendo algum movimento em direção a essa garota e se sentiu feliz com isso, em poder estar dizendo para as pessoas que ele era pai finalmente. Mas ele tinha muita preocupação porque nos relacionamentos que tinha, ele não conseguia ficar mais de dois ou três meses. Ele começava, tinha uma sensação de que estava se envolvendo, mas de repente, depois de uma ou duas transas que não eram muito boas em função dessa situação dele de ter ejaculação precoce, ele não sentia mais nada, ele se desinteressava pela garota e sempre achava que a garota estava com ele, não por ele, mas porque a família era rica. Algo como: "Porque afinal ela está comigo, se eu não tenho nenhuma dessas características, nem predicados, só pode querer meu dinheiro", então ficava muito desconfiado disso e por mais que a garota, por outro lado, demonstrasse carinho, amor.

Depois ele ficou muito tempo falando da relação com a mãe dele. Como o irmão não dava bola e a irmã também não, ele não conseguia dizer um não para a mãe. Fazia todas as vontades dela, mesmo trabalhando fora, em Florianópolis, como assessor de um amigo da família. Reclamava da mãe que estava sempre demandando sua atenção e sua presença, ela vivia buscando essa relação com ele. Ele não conseguia sair da casa, mesmo com vinte e poucos anos, segundo ele a mãe pedia que ele dormisse com ela porque ela às vezes se sentia muito sozinha, muito carente, e precisava de um certo acolhimento. Às vezes ele ainda ia e dormia lá com ela. Ela pedia para que ele a abraçasse e ele dizia que ficava constrangido com isso. Ele queria sair de lá, mas não conseguia, depois de um tempo em análise, ele disse para ela que não, que não iria mais morar com ela e que estava mudando de casa. Ela teve toda uma crise, passou mal, mas ele conseguiu manter essa posição e sair. Ele dizia que sempre se sentiu muito culpado, mas não podia ir para casa. Porém, ainda se sentia preocupado, em muitos momentos, por ter deixado a mãe sozinha. Para ele era muito difícil deixar em falta qualquer um que tivesse essa representação. Para ele dizer um não, deixar o outro em falta, neste sentido, isso o deixava muito mal.

RH: Ele tem trazido algum sonho ou não?

X: Trazia bastante sonho. Nos sonhos ele estava em lugares em que começava a andar e o lugar ia se fechando e num certo momento ele não conseguiria mais passar e que ele não conseguiria mais voltar. Acordava muito angustiado, com a sensação de estar preso. Às vezes acordava gritando e tinha sonhos, pesadelos que ele não se lembrava, mas acordava com a sensação de que o coração tinha parado. Ele ia para frente do espelho e fazia o bafo, para ver se estava vivo mesmo, se beliscava e isso logo depois de acordar dessa angústia.

RH: Teve crise de angústia nas sessões?

X: Poucas vezes, mas leves. Teve momentos em que ele estava falando de algo e a partir de uma ou outra intervenção ele tinha uma sensação que faltava um pouco de ar. Dificuldade para respirar, mas foram poucas vezes. Boa parte de seus sonhos tinha a ver com o fato dele estar preso em algum lugar. Uma sensação de que ia até um ponto e aí se fechava e ficava muito estreito e voltar de costas ficava impossível para ele. Quando ele tinha uma relação com alguma garota que ele começava a gostar mais, ele começava a pensar que ia aparecer um cara muito mais viril, mais bonito. Depois, acabou aparecendo muito como sendo um perfil do irmão mais velho. Mais alto, mais bonito, as mulheres lhe consideravam. Então tinha certo prazer em imaginar essa garota transando com esse cara que ele imaginava como potente, viril, etc., que gozava muito e na cena ele aparecia como observador disso. Mas ao mesmo tempo, na vida real, quando aparecia um sujeito, isso o deixava muito enraivecido. Ficava olhando para ver se a garota olhava para o cara. Ficava muito nesse controle e muito inseguro com isso, mas depois tinha esse tipo de fantasia, onde, às vezes, se masturbava e tinha um gozo forte com isso, com a fantasia entre a garota e esse outro que não tinha necessariamente um rosto, mas aparecia muito para ele a face da garota, que tinha um gozo em especial.

## COMENTÁRIOS DE ROBERTO HARARI

RH: É inacreditável, mas no meu livro *Palabra, violencia, segregación y otros impromptus psicoanalíticos*[53] há um caso de um rapaz que vem pela questão da droga e pelo curso da análise vai deixando a droga que vai sendo substituída pelos ataques de pânico. Algo aparentemente semelhante com o caso que estamos vendo aqui.

Tem uma lógica, essa questão de levar literalmente o objeto *a* no bolso. Lacan sempre falou disso de uma forma metafórica, mas aqui é literal. A droga, que seja uma droga legal, como no caso do Valium 10, é uma droga também, e nesse caso não tem diferença. Foi criada uma duplicidade em que num caso o objeto *a* está acima da castração. Pode-se dizer como que oculta a castração e se nós tiramos o objeto *a*, isso fica como um recalque. Aí podemos fazer a metaforicidade de que estávamos falando. Quer dizer que tem uma lógica esse avanço do objeto *a*, colocado dessa forma, nesse rapaz muito precário na maneira de manter o seu corpo.

Há muitas coisas para dizer, mas primeiramente há que se dizer que tem um severo transtorno do imaginário, da questão do corpo que está o tempo todo colocado em cena, como na questão dos carros, pela precariedade de sua imagem corporal. Está no limite de colocar em ato isso que Lacan chama de "imago do corpo fragmentado"[54]. Dito de outra forma: parece que

53 HARARI, R. *Palabra, violencia, segregación y otros impromptus psicoanalíticos*. Buenos Aires: Catálogos, 2007, p. 36.

54 LACAN, J. "A agressividade em psicanálise". In: *Escritos*. Rio de Janeiro: Jorge Zahar, 1998, p. 102.

a maneira de dar vitalidade para o seu corpo, tem que ser pela via do choque, quase como um retorno do real e, nesse ponto, é um ponto de foraclusão, em que há o retorno do real e a falta de interioridade corporal, da imagem corporal.

Hoje vamos dizer alguma coisa de cada registro. É bastante evidente a função do pai, penso que Lacan chamaria de um pai que faz a lei, pelo seu lugar na cidade. Poderíamos dizer que é um pai legislativo, e por isso se confunde com o lugar massacrante em que não é somente o pai da lei, mas também um pai que faz a lei[55]. O fato é que não faz a lei na sua casa, mas aceita a lei colocada pela mãe. Esta mãe que coloca o que Lacan diz que é o tema de todo fantasma, que seria tratar de fazer, de dois corpos, um. Isso foi trabalhado por Rank como trauma de nascimento, o desejo de voltar a ficar dentro da mãe. Evidentemente que nas trepadas nunca é possível que dois corpos se façam um. O fantasma do incesto é voltar a essa impossibilidade do fantasma, de voltar a fazer de dois corpos um. É a temática de todo fantasma. Aparentemente é da mãe, mas a cumplicidade é dos dois e dele temos isso de voltar a ficar dentro dela. É nesse sentido que a metonímia que tem que se dar no Nome-do-Pai, da libidinização fálica do corpo para o pênis. Como veem aí, não há muito investimento de libido para o pênis, por isso fica nessa fraqueza, nessa fragilidade, nesse fracasso que ele tem a respeito da genitalidade. Quer dizer, é demasiado fálico-narcísico para ser fálico-genital. Daí que o pênis não seja um bom substituto do falo, que não seja um bom símbolo fálico, podemos dizer. Hamleticamente, como diz Lacan quando fala de Hamlet, parece que essa aparição hamlética, que é um espectro, que não é um fantasma e sim um espectro, que surge dessa forma quase sobrenatural, por isso estou dizendo hamlético, e traça uma mensagem que foi efetiva porque tem uma estrutura de espera para que essa mensagem possa, afinal, ser efetiva e cortar alguma coisa. Corta, mas a oralidade segue, corta aparentemente a drogadição, corta o álcool, a condição de alcoólatra, mas a substituição será em função do Valium 10 e da comida, da qual a condição de ser oral vai se manter. São dois em um com vinte oito quilos a mais, nessa maneira de colocar o fantasma de outra forma, como sendo diretamente duas pessoas numa. Por essa lógica ser muito freqüente, coloquei no meu livro o meu caso, que é

55 LACAN, J. "De uma questão preliminar a todo tratamento possível da psicose". In: *Escritos*. Rio de Janeiro: Jorge Zahaz, 1998, p. 585-6.

muito mais virulento e não se apresenta dessa maneira cerimoniosa, com essa gratidão pelo analista que tem o analisante que estamos vendo aqui. Meu analisante era muito mais brutal, estava dizendo o tempo todo que iria morrer, que era tudo culpa do analista, ou seja, que o lugar desse pai é distinto. Em uma leitura um pouco mais apressada, poderíamos dizer que o analista aparece na vida desse cara como a substituição do pai, mas tem uma função de nutrição. A sua identificação com a mãe é muito importante, pela questão dos presentes, finalmente se transformando em uma mãe nutriz. Aí tem uma forte identificação feminina com essa mulher que nutre e que se sente muito feliz com dar de comer, quase como se isso fosse despregado da transferência, ele no lugar da mãe e o analista no lugar dele, dando de comer dessa forma e sempre dando essa volta pela oralidade.

Podemos colocar ainda outro objeto *a* que é a olhada e onde está efetivamente retida a sua sexualidade, a sua libido no fantasma. Temos, então, outro fantema em jogo que é a cena primária, este fato de gozar olhando para o rosto da garota. O nexo que podemos encontrar é que ele olhava, provavelmente procurando dar conta desse enigma: por que ele foi concebido, por que ele está no mundo. Como foi que esses dois desejaram ter a ele. Parece que seu lugar no mundo é um lugar precário, de não desejado, na sua mitologia. Pode levar a esse sentido ao dizer que o irmão sim é uma reintrodução do pai e que essa garota que ele olha é uma maneira de ver como ele foi concebido. Quais são os segredos da cena primária e por que ele ocupa esse lugar.

O Nome-do-Pai é aqui pensado como o significante que dá lugar à paternidade efetiva, ao fato de ser pai, em que está em jogo outra vez essa questão da olhada. A garota quis dizer que ele é o pai, e ele faz a correria para não assumir esse significante. A mulher lança sobre ele esse significante até o momento em que, seguramente pelo trabalho da análise, ele aparentemente assume essa questão, mas de maneira muito precária. Sem dúvida, está muito longe, até agora, de ter condições para sustentar esse lugar e para constituir uma família. Essa é ainda uma família virtual, em que tem essa garota, tem a menina. Não sei se ele não estivesse em análise se conseguiria fazer isso ou se seria a contraprova. Sem o analista isso se sustentaria no tempo? Como é um exercício clínico, podemos fazer a pergunta sem fazer afirmações. Tenho dúvidas se poderia sustentar isso, pois é muito fraco, como diz Lacan de Joyce; um falo muito precário para poder sustentar essa posição e cair fora do laço onde ele está em função do desejo da mãe, a ponto de não conseguir sair. Ao sair e ir para a análise, sai como uma mãe, nutrindo, algo muito importante, porque o analista não pode dizer que não. Aí teríamos que pensar o que sucederia se o analista dissesse não para os presentes. Como poderia ser sustentado isso por este analisante, suportaria isso? Assim como aparentemente a mãe não suporta, tem uma chantagem em cena, tem um suborno, tem um horror dessa nutrição e nutrição literalmente, porque tem os 28 quilos a mais, toda a oralidade pode ser aí compreendida. Não é tanto, me parece, o efeito químico e biológico da droga, mas sim o fato de não suportar a castração e o objeto *a* tem que ficar no bolso.

O tempo todo estamos falando disso, que não temos muita possibilidade de um trabalho simbólico, na medida em que tem uma probabilidade tão alta para um *acting-out*, tão brutal que está no limite da passagem ao ato, que foi evidentemente uma maneira hamlética dessa restituição do pai. Foi uma maneira de recolocar o pai no mundo e uma maneira em que o pai se dirigia a ele. Um legislador faz a lei para todo mundo, mas não para o filho. Para isso precisou acontecer a morte do pai. Esse é o pai, finalmente, o pai morto, o pai morto à maneira do Homem dos ratos, esse pai que coloca a lei para ele, sublinho, a lei para ele que não é igual à lei para todo mundo, como "tem que ser" a lei – somos todos iguais perante a lei. É nisso que entra sua própria singularidade, com esse momento restitutivo, louco, mas num sentido freudiano. Nesse momento, que poderíamos dizer quase alucinatório, que não foi uma alucinação, mas ilusional, essa maneira de acreditar nessa mensagem do pai. Essa maneira de sustentar que isso é assim e que vem do mais além, está mais para algo quase deliróide e não alucinatória. Não conseguiu que esse pai, na terra, colocasse a lei para ele, por isso uma restituição nesse outro registro, como dizer, deliróide, ilusional, para ser mais suave.

A questão das fobias sempre tem a ver com os movimentos. Freud disse isso em relação às fobias, que tem a ver com o espaço e com movimentos, no carro, no avião. Não se afastar demasiado. Aparentemente pode vencer isso vindo da cidade onde mora para se analisar, e isso está sustentado pela transferência, mas se não fosse a transferência, ainda hoje conseguiria isso? Isto de se afastar da mãe, fundamentalmente? De alguma maneira isso é muito semelhante ao Pequeno Hans, lembram que a mãe também o colocava na cama. Isso é a maneira mais gráfica, brutal e enlouquecedora do desejo da mãe, de colocar, como um falo, seu filho na própria cama e um pai que é fraco no corte, que não faz corte. Vamos encontrar isso no Pequeno Hans, no Homem dos Ratos e Hamlet, parece que há múltiplos nomes. Interessante é que aqui parece que fracassa o Nome-do-Pai. Estamos procurando outros nomes substitutivos para encontrar uma genealogia dele. Temos que procurar nele muitas bases de sustentação, porque senão vai para a queda. Um analisante grave, evidentemente.

Sobre a questão da frequência, nesse momento em que aumenta as sessões quando foi se aproximando do analista, é para receber ou para dar. Acho que é mais para dar. Ele está muito enlaçado com a questão dos presentes, camarões, queijos. Dar alimento, nutrir e também a questão dos pagamentos. O pagamento a mais, essa pode ser uma consigna dele: pagar demais, em todo sentido, pagar a mais e nunca ser suficiente, o que coloca o Outro e a si mesmo com uma grande boca com o desespero e a ingestão. Ele tem que dar o tempo todo e quase a sua própria vida, num nível sacrificial, de dar o corpo. Melhor que pague em análise para que não pague com o corpo. Provavelmente é uma maneira de dizer que ele tem que pagar um valor mais elevado que os outros analisantes e que o dinheiro aí joga como significante, como o que cai dele. Temos aí sua facilidade para colocar como objeto *a* o que cai dele, o que sai dele, são objetos que vão se desprendendo. Por isso o predomínio do dar e não de receber.

Bem! Agora vocês.

P: Tenho uma pergunta sobre o dar, sobre esses presentes, dar a mais, porque tem a ver com o *a* ou com o falo, não sei. Por outro lado, pensei num aspecto mais simbólico do dar como para aplacar a raiva do pai, porque o pagamento é uma coisa, mas ainda tinha algo a mais que tinha que ser preenchido. Tem um dito popular que diz assim: “quem tem põe, quem não tem tira”, ou seja, só dá quem tem para dar e ele também se queixava que não tinha, se queixava do corpo, achava que o outro era maior, que a menina não podia gostar dele. No fim, parece que ele dá também a garota para o outro, na fantasia. O que você acha?

RH: Isso é muito frequente nesse analisante, quando fala dele, fala de uma imagem. Isso acontece com muitos masturbadores, que o argumento é que a menina não deu bola, não há mais outra condição possível, pobre dele, resta, portanto, se masturbar. Nós temos que inverter isso, inverter de forma metonímica, pois a libido fica no fantasma masturbador, ou seja, a menina não dá bola por que ele não tem libido para seduzir uma mulher. Dizer que ele é rejeitado, que o outro é melhor é uma situação muito semelhante a essa. O outro é bem sucedido, é melhor, tudo isso para ocultar o *voyeurismo* dessa olhada que está em cena. Não arriscar o pênis no mundo. Ele também não tem uma libidinização do pênis, da vida genital. Se dá é porque tem, aí estamos na caridade, não estamos na falta. Ao contrário, está colocando a falta no Outro. A felicidade dele é colocar a falta no analista. Ele supõe que o analista tem necessidade das coisas dele. Finalmente, o que fica como um lugar faltante, a castração, ainda é a castração do Outro. A castração volta para ele, ou não? Até agora, no texto que apresentou o analista, a castração está assim: como tu tens castração, tu és uma grande boca, tens castração oral, então vou te alimentar, vou te nutrir. Vou te dar de comer e isso me gera felicidade. Ele tem, o analista não.

P: Em outro momento, você separou a repetição dos outros três conceitos fundamentais da psicanálise, colocando a repetição como um conceito *Mais Um*. Não consegui entender o que isso significa. O que, nesse caso, seria da repetição que não se mistura com a transferência?

RH: Por exemplo, simplesmente isto: estamos fazendo um exercício clínico, temos esse *corpus* para trabalhar. A partir disso podemos dizer que aparentemente começou com o analista, essa questão do analisante se identificar com a mãe nutriz. Depois, poderia ser com a menina, mas começou com o analista, colocando a castração no Outro. Não é uma reprodução, vamos dizer, mas que temos agora outro dado da sua vida onde isso já aconteceu. Isso acontece com quem ele tem a possibilidade de colocar nesse lugar, e de localizar nele essa zona erógena que é a boca. Uma boca-necessidade que dá felicidade para ele. Eu acho que essa é uma experiência nova para ele. Tu poderias dizer: mas isso tem a ver com o relacionamento dele com a mãe. Sim, mas há uma inversão, há uma interversão, para usar o termo correto. Ele está no lugar da mãe e o analista está em seu lugar. Como dizia, isso é um exercício, em função do material que dispomos não temos como precisar, podemos dizer que provavelmente seja assim. Não é uma reprodução do mesmo, é uma repetição que procura o novo. De alguma maneira, nós podemos supor também que essa experiência mediúnica, da aparição do pai vinda do além através da carta, também parece ser outra versão do pai, uma *père-version*, uma versão distinta do pai, um pai que falava para ele. Provavelmente, em algum momento tenha acontecido isso, mas aí tem o sentido de uma experiência duvidosa, mediado por uma mulher, o médium foi uma mulher, uma mulher que deu lugar à palavra do pai. Tínhamos visto como o pai se queixava: "Ah! Não vai estragar esse cara, por que você faz isso?"; mas isso não faz corte. Isso é fazer um comentário, não é um lugar de corte, não tem aí a autoridade do pai. Interessante que seja assim, mas finalmente se faz o que a mãe diz, o que a mãe quer. Tudo isso foi corrigido, aparentemente, nessa experiência mediúnica que foi uma restituição do lugar da mãe que desse lugar ao pai. Para ficar mais claro, não podemos dizer de maneira simples que é uma fobia, senão que é uma fobia *a-posteriori*. Por isso estava assombrado vendo as semelhanças muito fortes com o caso do meu livro. O analisante, quando se apresentou, muito orgulhoso, disse: "Eu sou drogão". A droga exagerada, mas com orgulho. "Eu sou drogão". Ele se apresentou assim, como se esta fosse sua "identidade". Pertenço a esse grupo. Temos aí um Nome-do-Pai, no sentido dessa maneira de se nominar "drogão". Depois, no curso da análise, se inverte e aparece a castração no primeiro termo e depois um ataque de pânico. O interessante é que, como coloquei no livro, o cara veio dizendo: "Tu és um filho da puta, um imbecil, tu és uma merda", mas sempre vinha, vinha pontualmente e aí apareceu o objeto anal. É uma merda, mas sem ti não poderia viver, estaria morto; tu és uma merda porque não serve. Outra semelhança é que tinha 25 anos nesse momento, e assim saiu dizendo: "tu és um imbecil, uma merda, tenho que ir a um médico". Finalmente veio um ponto decisivo desse caso: "Alguma pessoa tem que saber como se chama essa minha doença". Escutando bem isso, aí surgiu a ponta da transferência: – Como se chama isso?, ou seja, estava a procura de um significante, não de um ser providencial ou de um médico maravilhoso. Esse analisante de hoje procurou assim pela análise, não teve um encaminhamento direto. Qualquer um pode ter autoridade, qualquer um pode escutar, qualquer um pode aconselhar, todos são equivalentes, até que aparece essa transferência lateral com a prima que encaminha para a análise, para que fale.

P: Chamou a atenção como ele apresentava a filha não filha, como demorou para chamá-la de filha. Primeiro era a menina, a garota que ele via passar.

RH: Se disser filha, diz pai. É sua própria mensagem que retorna.

P: Não apareceu em momento algum uma passagem envolvendo o pai e ele diretamente.

RH: Todas as dificuldades para nomear, e daí que para nomear a filha, é para se nomear pai, é a mesma coisa, pois se diz filha, diz: – sou teu pai.

P: Uma observação pontual: a relação com o analista era uma das poucas relações, se não a única, que envolvia dinheiro e que ele não pensava ser alguém que se aproximava dele para pegar seu dinheiro ou da sua família, algo que ele pensava em relação às outras meninas, em relação à mãe da filha dele. Com o analista ele dava a mais, ele fazia o cheque a mais, dava presentes, mas não tinha isso de que era alguém que era próximo, mas queria algo dele.

RH: Tem razão, era nesse sentido que dizíamos ser uma coisa nova para ele. Esse nutrir com dinheiro não significa: Ah! É pelo dinheiro. Inversamente, não é o que acontece com a função do dinheiro na análise, por isso sua importância. Como falávamos em outra apresentação clínica, se não está presente o dinheiro, como fazer o pagamento? Mantendo a doença, incrementando a doença? Pagamentos corporais? Por isso é importante que se façam pagamentos. O dinheiro é mais fálico do que o pênis para ele e isso tem a ver com o que Lacan diz no *Seminário 8*: "Para o homem rico é muito difícil amar"[56]. Com esse analisante provavelmente seja assim, o falo está no dinheiro, ou seja, está noutra coisa.

P: Tenho duas colocações a fazer. Gostaria que o senhor se manifestasse a respeito, por favor. Primeiro é sobre a questão do dinheiro pago ao analista, na quantia sempre a mais. Eu escutei de outra forma: ele tem uma idéia de que todo mundo só se aproveita, se aproxima dele em favor do dinheiro, e com o analista não seria diferente. Assim, se o analista não fosse pago para estar ali, não existiria essa relação, não seria amigo dele, não estaria ali para escutar a história dele. Por outro lado, o analista estava ali numa função de alguém que estava esperando um retorno dele. Como de alguma forma estava se beneficiando disso, não queria perder esse contato, mesmo que pago, então ele investia mais para que o analista não desistisse. Por quê? Porque ele achava que as pessoas não gostavam dele, que não tinha nada a mais para oferecer para as pessoas. Com medo da fuga do analista, ele oferecia mais para

56 LACAN, J. *Seminério 8. A transferência.* Rio de Janeiro: Jorge Zahar, 1992, p. 63-5.

segurá-lo. Bem, essa é uma interpretação minha que pode estar totalmente errônea.

RH: Está bem!

P: Bem, fale sobre isso que a outra pergunta me fugiu, por favor.

RH: Prefiro que termines. Primeiro as mulheres.

P: Não vou lembrar.

# APRESENTAÇÃO CLÍNICA 10

X:Trata-se de uma mulher de trinta e cinco anos, que chega muito angustiada.

Diz que sua angústia é devida ao fato de precisar que sua irmã mais nova morasse com ela, pois a irmã está com depressão. O psiquiatra disse que a irmã não poderia ficar sozinha. Este fato a deixou muito preocupada, angustiada e nervosa. Pergunto por que esta recomendação? Responde que foi devido a que a irmã tinha um namorado por quem era apaixonada e esse namorado terminou o namoro. Ela entrou em depressão, procurou um psiquiatra e esse psiquiatra achou que ela não poderia ficar sozinha, teria de ficar com alguém. E, não poderia ficar com as outras irmãs porque moram fora.

Relata como se relaciona com esta irmã cinco anos mais nova.

A analisante é estrangeira. Aos três anos, o pai saiu de casa e veio para o Brasil tentar melhorar profissionalmente. Ela era a filha mais velha. Um ano depois, sua mãe vem para o Brasil e ela fica lá "sozinha" – é sua expressão – com a avó. Um ano depois o pai volta para buscá-la. Só que quando o pai volta, ela não o reconhece mais. E quando ela chega ao Brasil tem um bebê na casa, que é a irmã que agora vai morar com ela.

Relata várias vezes que o pai a abandonou. A mãe não a abandonou porque fez o que o pai queria. Então, sua queixa é com relação ao pai.

Ela veio então para o Brasil, mas nunca gostou muito, nunca se adaptou porque a língua era diferente, as pessoas eram diferentes, ela não conhecia mais o pai. Com a mãe, ela logo em seguida ficou familiarizada, mas com o pai não.

A irmã, que era o bebê e centro das atenções, era muito parecida com a mãe. A paciente tem a pele mais escura e a irmã tem a pele mais clara. Ela traz esta questão da diferença da pele e diz que a irmã é a preferida do pai e ela é a preferida da mãe.

Passados os primeiros meses de tratamento, a irmã se encontra melhor e eu pergunto a ela como ela se sente com a irmã melhor. Ela responde que acha bom, mas fica em dúvida. Diz que ela está melhor, mas que também sempre tiveram muita rivalidade. Eu pergunto: nós? (referindo às duas). Ela então coloca que sempre teve uma rivalidade com a irmã, que elas brigavam muito e que tinha uma antipatia por esta irmã, e quando ela veio morar junto, foi difícil, mas até se admirou da melhora da irmã, um mês e meio depois. Melhorou e voltou para o seu apartamento.

Começa então a falar do seu casamento, do qual tem uma filha de cinco anos. Está em processo de separação porque não aguentava mais. Relata que a mãe já faleceu há mais de cinco anos e que foi uma dor quase insuportável, que foi muito difícil aceitar esta perda.

Antes disso, conheceu um rapaz que queria namorá-la. Ele insistiu e começaram a namorar quando ela tinha dezesseis anos de idade. Depois de um tempo a mãe morre, o rapaz a pede em casamento e ela aceita. Pergunto por que ela casou? Diz que casou para ter segurança, porque precisava de alguém.

Então, conta como era o casamento. Mais tarde, diz que não amava este homem, tinha um sentimento de amizade, mas não paixão. Depois de mais um tempo de análise, conta que tinha uma paixão, mas por alguém que não podia lhe dar segurança. Era um rapaz que não tinha estabilidade financeira, não tinha faculdade, não tinha profissão. Ela não quis se arriscar, então abriu mão do relacionamento.

R.H: Ela tinha um caso com este rapaz?

X: Não, ela gostava dele, mas não tinha tido nenhum relacionamento com ele.

Seu ex-marido era engenheiro, mas não trabalhava, não conseguia ficar muito tempo em nenhuma empresa. Então, ela tinha que trabalhar. Ela fez faculdade longe da cidade em que morava com os pais; desde os quatorze anos ela saiu de casa e foi estudar. Formou-se, fez especialização e começou a trabalhar muito. O marido não consegue trabalho e fica em casa. Ele passa então a administrar o dinheiro dela. Dava todo o dinheiro que ganhava para ele administrar, pagar as contas e ele decidia também o que comprar.

No decorrer das sessões aparece a queixa de que ela queria comprar uma cozinha, mas teria que ser do jeito dele. Ele comprava da maneira dele e ela ficava frustrada. Passado um tempo, ela queria comprar um carro e tinha que ser do jeito que ele queria.

Teve um momento de muita raiva, porque queria engravidar e ele não, mas ela acaba engravidando e tendo uma menina. Ela diz que faz tudo por esta menina, que não consegue imaginar sua vida sem ela.

Numa sessão, relata que estava num supermercado e queria comprar somente uma água. Quando foi pagar, percebeu que não tinha dinheiro. Como não podia utilizar o cartão do banco – porque só o marido tinha a senha da conta – ela se deparou com um limite, pois quem controlava era o marido.

A situação no casamento começou a ficar muito difícil, mas achava que era assim mesmo, que sentir paixão não vale a pena. Que encontrar alguém e amar não vale a pena. Numa sessão, coloca uma questão sobre o porquê não gosta de ninguém: se meu pai que me amava tanto me abandonou, imagine os outros homens! Eles também vão me abandonar. Ela diz que se casou com esta pessoa não a amando porque, deste modo, se ela o perdesse, ela não iria sofrer.

Passado um tempo, conta o que a levou a tomar a decisão do divórcio.

R.H: Quando começou a análise? Vinha às sessões? Com que frequência?

X: Começou em julho, vinha às sessões semanalmente, não faltava. Mudamos o horário porque ela se sentia mal em ficar longe da filha, em função do trabalho. Acordamos um horário no meio do dia.

Um dia, saiu para passear com a filha e se deparou com um bêbado, um andarilho caído no chão e se enxergou nele.

R.H: Por que era ela?

X: Porque se via numa situação terrível diante de seu marido, porque este homem a enganou e dizia que ela não era boa mãe porque trabalhava muito, que era ele quem tomava conta da filha. Eles brigavam muito, discutiam e ela não conseguia ter um diálogo porque ele sempre tinha razão. Como não conseguia fazer diferente, passou a não falar mais com ele. Quando viu aquele homem no chão, ela se viu num estado deplorável e pediu a separação. Aí começou uma outra batalha, porque ele quer ficar com a filha e um quinto do que ela tem. Ela tem cotas de ações no seu trabalho, tem certo patrimônio.

Então está, há tempo, tentando a separação que não acontece. O ex-marido liga para ela – ele tem o direito de ver a filha nos finais de semana, leva a filha no domingo e traz na segunda – e pergunta o que fazer com a filha e ela recomenda, já que é pediatra. Durante este ano, ficou sempre em casa, não saia com as amigas porque tinha medo. Conhecer outra pessoa nem pensar. Estava fora de cogitação porque não valeria mais a pena.

Muitas vezes comenta achar que deveria voltar para ele, tentar novamente, que não fez tudo que deveria. Culpa-se muito por ter casado com ele sem amá-lo.

R.H: Uma questão, até agora não se abordou nada sobre a questão sexual.

X: Ela não sai com ninguém até então.

R.H: Mas, historicamente como era?

X: Ela tinha relações sexuais com o marido, mas não tinha prazer.

R.H: Era frígida?

X: Não sei, ela não fala da sexualidade. Fala que tinha relações, engravidou do marido e depois ficou um ano sem ter relações, ela ficou uma pedra de gelo, não tinha condições.

Com relação aos homens, faz pouco tempo que começou a sair de noite. Diz ir a bares para paquerar. Eu pergunto: Como paquerar? Ela diz: Estes bares onde há homens e mulheres... Pergunto como foi e ela diz que foi muito bom. No dia seguinte, o ex-marido liga, dizendo que descobriu que ela tinha saído, porque contaram para ele. Foi no dia em que o pai dele havia falecido, naquele sábado. Ela então diz que não pode sair e sente-se culpada. O marido na ligação diz que ela é uma puta, vagabunda, que só fica na rua, que não fica com a filha. Diante disso, fica apavorada, com medo de perder a filha.

Passam-se algumas sessões e ela sai de novo. Diz que foi bom e que conheceu um rapaz, só que ele é de outro Estado. Pergunto por que de outro Estado? Ela responde que não sabe.

Toda as vezes que ela saiu, alguém descobriu, ligou para o ex-marido informando e ela fica sem ação, não consegue reagir. Sente-se cada vez mais sufocada e começa a pensar que talvez fosse melhor voltar para ele, acabar com isto e tentar mudar a situação.

Um dia ficou muito angustiada porque o ex-marido lhe mandou um e-mail dizendo que ela seguisse sua vida, que ele não ia mais lhe incomodar. Em outro e-mail, ele manda as fotos de um prédio que está construindo. Na época em que estavam juntos, ela queria que ele construísse a casa deles e ele não queria, nem a planta da casa ele havia feito. Ela então se pergunta por que ele não fez isto enquanto estavam casados?, o que ela não teria feito para que ele não quisesse construir a casa deles?

R.H: Como é o relacionamento contigo?

X: Ela chega ao consultório com uma voz muito sofrida, quase chorando, dizendo que tem que me contar uma coisa. Ela é muito espontânea.

R.H: Ela vê como importante as tuas pontuações?

X: Acho que sim, porque às vezes ela diz que nunca havia pensado nisso, que não queria ver as coisas como são, mas que realmente é como estou dizendo. Teve uma sessão em que ela não pode ir porque iria fazer uma viagem, e na outra semana retorna no mesmo dia e horário e me diz que sentiu falta da sessão.

Agora, o marido, mesmo depois de ter mandado o e-mail, continua ligando e falando com ela. Um dia foi ao trabalho dela e fez um escândalo. Ela diz na última sessão que parece que isto não vai acabar nunca.

R.H: Isto não é uma queixa contra ti? Porque supostamente ela vai à análise para mudar.

X: Na hora em que ela disse isso eu ouvi assim. Ela fala que já faz um ano que estão separados, mas que ainda não conseguiu o divórcio. Só quando ela tiver o papel da separação ela vai ter conseguido. Relata que agora tem que fazer todas as coisas sozinhas, que é muito estranho, porque ela agora tem que escolher.

## COMENTÁRIOS DE ROBERTO HARARI

R.H: Vamos começar com a regra freudiana que diz que as primeiras expressões dizem da orientação sexual de uma pessoa. Começou isto com a irmã e foi se deslocando para o marido. A questão da angústia diante deste convívio aparentemente ameaçante com a irmã. Aqui se trata da maneira de não ser homossexual. Isto é quase como um pedido da análise de ver como posso sair desta tentação homossexual, como "conseguir" ser mulher sustentando uma feminilidade precária, frágil. Podemos dizer, como diz Lacan, que muitos casamentos e relacionamentos são *acting-out*, isto é importante clinicamente e está colocado no *Seminário* da *Angústia*. Não é uma questão pontual como em geral se diz do *acting-out*, como uma manipulação do analista, uma saída única, pontual, mas pode-se ver, como disse na primeira vez e numa grande sequência de consultas, que estão todas em função do *acting-out*. Ela está dizendo isto, quase como a maneira com que conseguiu suprir a mãe através deste rapaz, que não tinha paixão, não o amava. Muitas vezes, Lacan, no seu *Seminário*, faz colocações notáveis de sua habilidade clínica quando desenvolve toda a relação que existe entre o luto e o *acting-out*[57]. A saída do luto é colocar um objeto substituto[58]. E no *acting-out* em geral se coloca também um objeto na realidade de uma cena. Arma-se uma cena e se atua. Aqui eu acho que tem esta cena do casamento com este homem e esta mera justificativa de que sofreu com o amor do pai e então é melhor não sentir paixão por outro homem porque vai acontecer a mesma coisa. Evidentemente a profecia foi cumprida, já sabe que este homem vai fazer outro abandono. É o inconsciente projetivo, porque o que abandona é o homem, mas poderíamos ir adiante e dizer que isto começou com o abandono da mãe, a morte da mãe e toda uma cadeia de lutos que vão se articulando entre si. Um luto, outro luto, outro luto e geralmente tudo isto vai substituir algo. Primeiro, manter na cena da realidade um casamento e, segundo termo, uma maternidade. Também conquistada, sofrida, não é um projeto comum do casal, mas um projeto dela com a mãe, como vem confirmar Freud, quando diz que ter um filho é quase como uma aposta fálica. Geralmente a mulher que tem um filho, atribui este lugar fálico ao filho.

É quase elementar esta troca de lugares: ela, uma médica, está sendo a encarnação do saber. Quase soa pateticamente, porque ela é pediatra e o marido a chama para perguntar a esta pediatra o que fazer, se é este remédio ou outro; é um deslocamento para o saber referencial, saber médico, neste caso, um lugar especial onde ela é portadora do saber, encarna o saber.

Neste sentido, podemos dizer que ela inicia o seu relacionamento colocando o homem neste lugar do pobre, do vagabundo. Pode haver um pouco de angústia por uma interpretação em ato: é assim que tu colocas os homens, neste lugar, como quem não tem consciência, caídos no chão e que não podes ter um relacionamento com eles.

É interessante como a analista diz que isto sai de forma espontânea e valiosa: Começou outra batalha! Estamos na linha da batalha. O que é uma batalhadora?, senão uma mulher que vai pela vida liderando batalhas, guerreira. Finalmente se entende que é a maneira como ela destrói, com esta

57 LACAN, J. *O Seminário. Livro 10. A angústia*. Rio de janeiro: Jorge Zahar, 2007, p. 361.

58 LACAN, J. *O Seminário. Livro 10. A angústia*. Rio de janeiro: Jorge Zahar, 2007, p. 363-4.

facilidade para lutar, a receptividade que é própria da mulher, acolhendo o pênis. Mas pode evidentemente ter anestesia durante um ano e fazer isto porque tinha que fazer. Entende-se que não há este lugar sexual para se jogar a caricatura desta receptividade, porque estamos seguindo o calor dos passos, a escolha com a escolha, porque o desejante era ele; então ela aceitou, não pela paixão, não pelo amor, e sim pela segurança. A segurança é o desejo ser do Outro, e não dela. A batalha dela é para não ser uma mulher desejante. As duas coisas: mulher e desejante, aí está a batalha. Sai como uma briga com o outro, mas isto é secundário, é evidente que nesta luta sempre há mal-entendidos nas comunicações do que ela queria, por exemplo, a construção da casa, que ele não teve esta antecipação e não deu bola e, mais uma vez, um mal-entendido nesta comunicação entre os dois.

Não fica muito claro ainda e, isto é uma hipótese para vocês, qual é a sua demanda de análise. Porque parece que sempre vem uma situação exógena. Ela é conduzida pelo encaminhamento do psiquiatra que diz que a irmã tem que morar com ela. Qual seria aparentemente a solução para isto? A irmã não conviver com ela? Isto não é uma solução, é uma conduta. Vamos dizer mais uma vez: qual seria a solução? A solução seria o papel. O papel é que vai dizer quando ela estará divorciada deste homem. Mas aí está o fato: no nível de sua neurose, este homem é uma relação perfeita para ela. Daí que não seja efetivado o luto, o luto não foi processado. Não sei se poderia dizer que isto é um fracasso da análise, acho que não. Este homem se encaixa perfeitamente neste lugar. Um homem "pobre, caído, impotente". É com esta equação que podemos dizer como o saber se dirige a este outro que está no lugar da queda. Lacan diria que se liga ao objeto *a*, o que é interessante, porque se tomarmos *O Avesso da Psicanálise*[59], na parte superior da barra no discurso da universidade, temos o saber e o *a*, objeto causa do desejo. O S2 se dirige ao *a*. Ela é que tem o saber e o homem é que fica neste lugar caído no chão. Isto se chama discurso da universidade. Não tem nada a ver com a universidade enquanto local, ou o que se passa na universidade, mas está representado como o lugar do saber:

---

59 LACAN, J. *O Seminário. Livro 17. O Avesso da Psicanálise*. Rio de janeiro: Jorge Zahar, 1992.

$$\frac{S_2}{S_1} \rightarrow \frac{a}{\$}$$

Temos, a nosso favor, para sustentar a análise, a angústia. Neste sentido, ela é bem-vinda. A angústia que aparece no início: quando a irmã fica melhor, aparentemente ela fica melhor também. Ou poderia ser que ela ficou melhor, e por isso a irmã melhorou. Podemos ver que este relacionamento não está melhor, é apenas um relacionamento aparentemente sublimado com as mulheres; quando sai, sai com as mulheres. O homem está fora e, para começar, aqui já está presente a questão do abandono, sempre está presente a questão do abandono, só que o ponto difícil da análise desta mulher é a maneira como goza da condição de vítima, como se coloca também no lugar de vítima e faz esquecer a maneira como é, ela própria, vitimária. Outro ponto que voltou é exatamente, como foi sublinhado muito bem pela analista, a questão do homem caído no chão. Aí está dizendo: "olha, tu colocastes ele neste lugar".

Mas parece que a maneira como procura uma paridade com o homem é pela via da batalha. Não estou dizendo da diferença, porque a diferença está colocada de modo muito especial – o homem colocado no chão e ela portadora do saber. O homem impotente, um homem inútil, que não trabalha. É interessante a maneira como estava quase sumindo isso, ficando ela como vítima, que faz só o que ele diz, a cozinha nova, o carro, não tem dinheiro, mas aí está o *acting-out*, aí está a cena, são muitas cenas. A do supermercado, em que queria pagar a água e não tinha dinheiro, não tinha nada. Isto pode ser o engano de dizer que tudo está nas mãos dele. Mas isto seria como acontece com uma histérica: este homem é mais um boneco, fabricado como se fosse homem, é uma caricatura de homem, porque não tem como sustentar tudo isto. Quando faz coisas, quando vai para lá e para cá, isto é somente um modo de dizer, pois o combustível, a gasolina, é ganha por ela. Se ela tira isso, este homem cai. Neste sentido, é um homem que não se sustenta. É justamente gerada esta estrutura na qual parece que ela é vítima deste homem. Coloca-se aí para ver de que maneira este homem pode ter uma palavra própria. Um homem bêbado não tem uma palavra própria, é qualquer coisa, neste lugar de bêbado não se sustenta.

Estava pensando, também, como pode sustentar a transferência, enquanto colocação do Sujeito-suposto-ao-Saber, se é ela que sabe. Qual é o lugar que deixa? Eu acho que ela tem uma transferência viril a respeito da analista, por isto deixa pouco lugar. Porque ela diz: este horário não, este também não, por que uma sessão por semana? Há que se perguntar isto. Se não dá certo, se esta é a reclamação, por que só uma vez por semana? Esta é a modalidade? Há justificativas diversas, mas verdadeiramente, há só este pequeno lugar para a análise, mais que isto não dá, porque tem que ficar com a filha, trabalha o dia inteiro, então, qual é o lugar? Aí se pode dizer que a analisante tem uma transferência viril, o que quer dizer que, se as coisas vão bem, tem que começar a brigar com a analista, outra batalha. Como uma boa batalhadora, aí é um bom momento. Podemos escutar aí o conjunto em que todos são iguais. Aqui evidentemente começa a colocar a incompetência na analista. São todos iguais e sutilmente, com suavidade, mas aí começa a circular alguma coisa.

Evidentemente não fala do sexo porque aparentemente a sexualidade está em outro lugar, está na batalha. Como se diria, não está libidinizada vaginalmente, está deslocada para uma maneira libidinal mais fálica, mais sado-masoquista na maneira em que está se abrindo o roteiro entre ela e este homem, que ainda convém muito bem para ela. Ainda mais, porque este homem tem suas loucuras, "suporta" muito bem o sexo ou a falta dele, não diz que tem algum caso, não acontece. Para ela é mais fácil, é mais fácil para uma mulher não dizer nada a respeito do sexo. O ponto é que temos que insistir para que isto saia. Na medida em que está deslocado, não sabe o que falar. Creio que é isto que domina a cena: a questão sado-masoquista em jogo. Contudo, do que ela tem feito melhor mostração é do masoquismo, em geral, melhor para todo mundo: como sofre e toda a consistência do Outro poderoso, que a faz sofrer, que parte para cima dela com e-mails, telefonemas, parece que a vigia e tem um registro de tudo, das suas movimentações. E isso tudo dá mais lugar para ele acompanhá-la nas "humilhações". Sublinho mais uma vez, não está dito, mas aqui ela pode se humilhar, pode ser agente ativo das humilhações, sempre neste lugar de vítima. Tem muito das questões colocadas na justiça, porque é uma mulher que sabe fazer alegações à maneira de um advogado. Sabe argumentar, sabe colocar a culpa no Outro, por isso este papel providencial é de, mais uma vez, procurar uma solução de fora.

Esforça-se para saber quem tem o saber, psiquiatra e justiça. Tem que estar em outro lugar, não é na transferência que vai colocar, não no analista, isto está em outras instâncias, ela tem que resolver coisas "saudáveis" para ela.

A angústia é bem-vinda, porque eu acho que é o que justifica a permanência dela. A análise é nova, tem pouco tempo, mas se a analista puder suportar a batalha e, mais que isso, não impedir esta batalha, senão batalhar procurando sair deste lugar de vítima, aí vai ser um momento proveitoso para a análise.

Teria mais coisas, mas gostaria de dialogar com vocês.

P: No trabalho com crianças, vemos as mães sofrerem com relação aos cuidados dos filhos. Como pode ela suportar isso.

R.H: É uma mulher dura, por isso suporta. Se fizéssemos uma teoria geral sobre isso, seria uma vantagem. O que sofre é o Outro, o que morre é o outro. Na batalha, morrem os outros soldados, e os que vivem, seguem vivos. Mas tens razão, a escolha profissional é interessante ser levada em consideração. Poderíamos dizer que quase mais dedicação às outras crianças do que à própria.

P: Sobretudo a coisa erótica da pedofilia.

R.H: Pode ser também. Não sei se pela paixão, a paixão que diz não ter pelo marido, evidentemente tem, só que noutro nível libidinal. O cara está sempre presente, supostamente fica em cima dela, aparentemente fica no seu caminho, mas evidentemente não. Está montado o jogo pelo qual ela não deixa ir-se o objeto. Não sei como se dá sua sublimação, aparentemente é com o trabalho e, poderia ser uma pedofilia sublimada? Não sabemos.

P: Tem uma outra visão disso: ela pode tratar das crianças e em vez de lidar com soldados que morrem e ela correr riscos, ela melhora as crianças até como uma vitória sobre o abandono.

R.H: São as duas coisas, porque estão entre a vida e a morte. Tem essa função "reparatória", mas não há garantias de que aconteça. Está sempre nesse limite da sua escolha profissional.

P: Chamou mais a minha atenção, a angústia, quando a irmã veio morar com ela .

R.H: Como dizia no início, quando aventei a hipótese sobre a orientação sexual, é como se fosse uma mensagem do Outro dizendo: isso é para ti, esta é tua orientação, isto é o que tu queres. Como diz Lacan, *tu es ça*, tu és isso. Eu acho que foi uma coisa assim, vai como um pacote para cima de ti, porque essa é a tua verdadeira escolha.

Num sentido, podemos dizer que coloca as duas cenas. Esta irmã caindo em cima dela e o bêbado caído no chão. Cenas contrapostas, é a luta dela: como não cair na homossexualidade. Evidentemente, aparecem as racionalizações de que tem rivalidade, de que não gosta, mas como motivo de consulta, não parece que seja rivalidade. Há também um nível forte de racionalização, não quer sair com os homens porque vão ser como o pai. Um pouco "psi" [psicológico], este modo de entendimento, de justificativas "psi", porque ela "sabe", não só da pediatria, mas também desta maneira "psi" de dar justificativas.

P: Que tipo de transferência é necessário para que ela possa suportar alguma intervenção do analista? Porque ela está ali contando e se queixando, mas de um lugar que não é muito implicado.

R.H: Creio que o fato "normalizador" seria a troca de objeto. Estamos dizendo como começou a questão, como trocou a mãe por este rapaz que a procurava. Foi uma substituição em que o luto foi substituído pelo *actig-out*. Agora poderia ser que a substituição fosse por esse nome X, que seria melhor que aquele outro, mas aí estamos na argumentação dela.

Aí está o ponto: a transferência conseguir dar suporte para a substituição de um homem por outro, a maneira que ela fica grudada ao nome e que "garante", para ela, a sua "felicidade". Não tem muita vontade de sair e muito de suas saídas, creio, tem a ver com o amor de transferência, o que pode favorecer a análise. Mas tem muito de forçamento, não tem vontade de sair, mas "tem que sair", por supor que isso vai agradar a analista. Neste sentido, está favorecida pelo amor de transferência, não por seu destino libidinal. Ainda está grudada com este homem que representa, para ela, essa saída neurótica, da confirmação da feminilidade através dessas versões do mínimo: manter a família, que não trepa, e só uma filha. Sai com mulheres, mas para os homens sempre tem justificativas para dizer que não. Lacan chama a atenção, por exemplo, para o que fez Freud, acreditando que a escolha de Dora[60] era o Sr. K. Pode-se pensar que foi a maneira de tentar normatizar Dora, com relação a isso que depois Freud capta como a chamada tendência ginecófila.

60 FREUD, S. "Fragmento da análise de um caso de histeria". In: *Obras Completas de Sigmund Freud.* Edição Standard Brasileira. Rio de Janeiro: Imago, 1978, Vol. VII.

Creio que alguma coisa assim pode haver também aqui. É ainda uma análise muito jovem, há que aguardar uma transferência mais consolidada para entrar na questão da sua homossexualidade.

P: Homossexualidade aí, na maneira de Dora ou da jovem homossexual?

R.H: De Dora, histericamente, sim.

Quando a irmã cai em cima dela, parece que a sua resposta também caiu, tentando colocar significantes do porquê de sua angústia, racionalizados no fato de não querer. Pulsão do saber, mais uma vez, do psiquiatra que sabe, como ela, como pediatra que também sabe, fez essa ou aquela indicação. Mas, lido a partir da angústia, é como caiu em cima dela, como efeito de interpretação na realidade – essa é sua verdadeira escolha. Aí quebrou essa resposta que, com muito trabalho, procurou construir. Como resposta em ato, insisto que muito atuada, do que é ser uma mulher.

Não ficou muito claro, tampouco, o porquê da filha. Seria como seguir um roteiro lógico: se ficas no casamento, ainda que seja um filho só, é lógico que ele deva aparecer. Sistematicamente a luta é contra o seu desejo.

P: Nesse sentido, chama a atenção, na fala, que ela cede em seu desejo, em relação a todo tipo de coisa, para esse marido, menos em uma: quando ele quer ver a filha, aí ela insiste, não quer, independente do modo como ele fala ou se coloca.

R.H: Creio que não há muita diferença quanto à questão do dinheiro, pela equação falo, filho, dinheiro. Na equação, os termos são intercambiáveis: eu vou te dar dinheiro, tu vais me dar um filho. E o tempo todo estamos falando do falo. Então, é um pai quase reprodutor, não é um pai. Serviu no sentido de inseminar, do sêmen, pois não é possível o autoengendramento, engravidar sozinha; mas depois tem esse pai, mais uma vez colocado num lugar de passividade. Nessa troca, ela comprou o sêmen dele.

Se a analista consegue dar batalha, literalmente, creio que é muito analisável.

# APRESENTAÇÃO CLÍNICA 11

X: O caso clínico que vou apresentar sucedeu-se numa clínica do serviço público, portanto, atendimento sem pagamento e sob supervisão de um professor do local[61]. O atendimento teve a duração de aproximadamente oito meses.

Trata-se de uma jovem de 20 anos de idade, estudante, que iniciou dizendo-se uma pessoa depressiva, embora naquele momento não apresentasse mais sintomas de depressão, mas "apenas" sentimentos suicidas. Dizia-se uma pessoa mórbida, que apreciava a morte e gostava de frequentar cemitérios e de vestir roupas pretas. Sentia-se bastante à vontade em relação aos cemitérios, como um lugar onde gostava de passar as tardes, e que esteve apaixonada por uma pessoa já morta que viu na foto de uma lápide.

Transmitia um ar de superioridade em relação a como lidar com a morte. Relata uma conversa que teve com um amigo, na qual descrevia maneiras de se suicidar, como formas eficazes de morrer, que não a levassem ao sofrimento, de poder morrer sem sentir dor.

Em sua fala se desenvolvia um espetáculo de horror dentro da sessão, descrevendo as mais diversas formas de morrer. No caso de enforcada, poderia agonizar e não morrer. Se fosse atropelada, poderia ocorrer de ficar tetraplégica ou paraplégica, então não morreria, não seria a forma mais eficaz. Mencionou ainda o caso de afogar-se e outras diversas formas de como morrer.

Esse rapaz, o amigo, acaba se tornando depois seu namorado.

RH: O que quer dizer namorado, para ela? Foi logo no início do atendimento que começou a namorar?

X: Não, ele tornou-se namorado dela nos dois meses finais do atendimento, pois no início era só amigo.

RH: E o que acontece quando se torna namorado, qual é a aproximação erótica?

---

61 O apresentador mencionou a sigla correspondente ao nome deste serviço público e o nome do professor supervisor, omitidos, aqui, por questões éticas. ( N. da Org.)

X: Ela tinha bastante conflito em estar iniciando a aproximação sexual. Dizia-se virgem e ele, como sedutor na posição de amor cortês, faz com que ela aceite. Mas, se ele demonstrasse que queria ter alguma aproximação sexual, ela sentia nojo, repugnância em relação à pessoa por estar desejando realizar tais coisas. Via o sexo como algo imundo e sujo, ou seja, apresentava terror em relação ao sexual. Não relatou nenhuma experiência sexual.

RH: E havia aproximações sem sexo, propriamente?

X: Ela se sentia seduzida e seduzia as pessoas, provocava e até chegava aos limites de quase iniciar uma relação sexual, mas quando começava a situação, ela desprezava, saía da cena, abandonava.

RH: Quer dizer que não era somente com este amigo/namorado, mas também com outros?

X: Também com outros, repetiu isso inclusive com outro ex-namorado. Relatou a mesma situação que, quando ele quis, descartou e ficou com nojo e o viu como uma pessoa repulsiva.

Ela se sente muito aterrorizada com a situação quando começam as preliminares sexuais.

RH: Mas consegue ficar nua, por exemplo, ou não?

X: Não. Ela tem algumas dificuldades, não sei como dizer, em relação ao seu corpo. Era uma pessoa gorda e tinha certo desagrado com seu corpo. Manifestava desprezo e, inclusive, relata que queria emagrecer a qualquer custo.

Em relação ao suicídio, pelo fato de ter coragem de se suicidar, de encarar a morte, se dizia uma pessoa capaz desse ato de bravura. E, por isso, julgava os outros como covardes, por não terem a mesma coragem que ela. Por isso, todas as pessoas, para ela, eram covardes.

RH: Os outros eram covardes na medida em que não se suicidavam?

X: Sim.

RH: Há quanto tempo tem essas idéias de se suicidar? Quando começou isso?

X: Bom, ela anteriormente fez atendimento psicológico com outra pessoa, mas não sei por quanto tempo, precisamente.

Numa ocasião, falando da morte, mencionou outro rapaz que relatou que a morte seria uma luz no fim do túnel. Encontrou uma esperança neste rapaz, que ele seria a única pessoa com quem ela poderia se relacionar, que ele poderia ser a possibilidade de sua salvação. Caso ele a rejeitasse, ela iria se cortar, o que ela fazia com frequência, com facas, estiletes ou lâminas.

RH: Com feridas graves?

X: Não. Cortes tímidos, mas que, às vezes, acabavam por assustá-la porque acontecia, dependendo da situação, de perder o controle e realizar cortes maiores. Isso a preocupava.

RH: Teve internações, teve alguma sutura destes cortes? Ou estas feridas são superficiais?

X: São superficiais. Ela esconde isso, quando se corta, usa lenços ou panos que esconde para que sua mãe não possa ver. Esconde dos outros, põe esses lenços na bolsa, em cantos de casa, para depois colocar na sua mochila e levar para a faculdade onde joga fora os vestígios com seu sangue.

RH: O que acontece se a mãe percebe esse sangue?

X: Nas primeiras sessões, a família ficou fora de cena. Seu discurso ficou restrito ao corte, aos amigos, à relação sexual e como eram seus vínculos de amizade. Por muito tempo persistiu a questão do corte. A família só foi citada quando já estava cansativa, em sua fala, a questão de tanto corte, corte, corte. Como que, na dinâmica do corte, ela conseguia afastar as pessoas. Parecia que ela já estava conseguindo até afastar a situação do atendimento, porque ali também isso tornou-se cansativo.

RH: Falavas, agora, do corte do laço, não do corte da pele.

X: Do laço, exatamente. Pois sempre quando uma pessoa a rejeitava ela se cortava. Usava assim, para cortar-se, cada momento de rejeição que sentia. O maior dos cortes que fez foi quando um rapaz, com quem combinou de ir ao teatro, acabou faltando ao encontro. Chegou a preocupar-se, porque este foi um dos cortes mais fundos.

RH: Nos braços?

X: Sim, nos braços.

RH: Isso, de cansativo com corte, corte, é cansativo para ti, de escutá-la?

X: Sim, porque não saía disso. Foi muito tempo. A família só entrou muito tempo depois.

RH: Porque falando de ser rejeitada parece que...

X: Ela se diz uma pessoa solitária, que gosta de sofrer, de ler livros cujos personagens, no final, se suicidam. Admira as ações desses personagens e se espanta de como conseguem envolver-se nas consequências dos suicídios.

RH: Que tipo de consequência?

X: Em relação a cartas deixadas, de afetar a vida dos outros com a sua morte. Admirava como, depois, os outros se sentiam afetados em relação à morte dessa pessoa.

RH: Ias dizer-me alguma coisa sobre a mãe, em função dos vestígios de sangue, para que não percebesse. Achei que ias dizer algo a respeito do relacionamento com a mãe.

X: Sobre o relacionamento com a mãe, diz ter inveja da mãe. Considerava-a mais bonita que ela, magra e que conseguia seduzir os homens na rua. A mãe era bonita e esbelta, e ela não tinha nada disso. Tinha raiva da mãe.

RH: Brigas com a mãe?

X: Bastante.

Seus pais são separados, mora com a mãe, o padrasto e a irmã. Seu pai mora com outra mulher.

RH: O pai se casou?

X: Sim, e sua mãe também.

Dizia que a relação dentro de casa era muito conflituosa. Existiam várias brigas entre a sua mãe e o padrasto, brigas em que ele chegava a bater na mãe dela.

Ela se incomodava muito com as brigas, já se cortou por situações de brigas que houve na casa. Numa ocasião, houve uma briga muito intensa do padrasto com a mãe. Ele bateu, foi um tumulto, até o ponto de chamarem a polícia. O padrasto expulsou-as de casa, porque a casa era dele.

Esse dia foi muito difícil, não entende como a mãe pode ficar com ele. Acha que somente está com ele por causa do dinheiro, da situação, do apartamento, pois a mãe, ela e a irmã não têm onde morar. E a mãe só está nessa situação por causa das filhas, para ter uma casa, pois ela mesma diz que não gosta dele. Nesse dia, a polícia fez com que elas voltassem para casa, que já estava sem luz, porque ele tinha mandado cortar e tirado todas as comidas. Daí ela liga para o pai, que foi bastante acolhedor e atencioso e a levou para lanchar.

RH: Isso foi pouco tempo antes das consultas contigo?

X: Não sei dizer.

RH: Tu tinhas a idéia de que era uma suicida?

X: Não.

RH: Nunca tiveste medo de que se suicidasse?

X: Às vezes, porque ela fazia ameaças. Embora dissesse que com a análise as coisas tinham mudado, que via as coisa de outra maneira, e que estava ajudando, dizia que se parasse com o tratamento, poderia se cortar e até se suicidar.

Mencionou que, na terapia que fez anteriormente, ameaçou pular da janela do consultório.

RH: Concretamente, como tentativa de suicídio, houve alguma?

X: Não. Só houve cortes que poderiam, se ultrapassassem o limite, levá-la à morte.

RH: A questão dos cortes que estão sempre ocultos, tu conseguiste ver? Ela mostrava os cortes?

X: Não. Tudo oculto.

RH: Ou seja, dizia dos cortes.

X: Sim. Às vezes era possível ver as cicatrizes.

RH: Onde?

X: Nos braços, no cotovelo.

RH: Mas estavas especialmente olhando para isso?

X: Em algumas situações não sei se queria mostrar, mas nos movimentos acabava aparecendo.

RH: O atendimento terminou há aproximadamente seis meses?

X: Sim.

RH: No momento de concluir, temias que, ao interromper, poderia se cortar?

X: Não, porque eu sempre deixava bem claro que a responsabilidade era dela. Nunca tive essa apreensão.

RH: Bom, tu dizias isso, mas a ti, o que acontecia? – Não é a mesma coisa, não?

X: Na primeira entrevista, eu tive medo. Pensei: onde fui me meter? O que fui arrumar para minha cabeça? Mas depois, sob supervisão, as coisas forma relaxando. No começo, eu estava muito apreensivo, depois fui entendendo a sua dinâmica e como envolvia as pessoas.

RH: Queres acrescentar mais alguma coisa?

X: Creio que está bem.

## COMENTÁRIOS DE ROBERTO HARARI

R.H: Como sempre, os inícios são fundamentais. Dois nomes próprios aparecem no início desta apresentação clínica. O lugar do atendimento, através de uma sigla, e o nome do supervisor. Quando o analista mencionou isso, pode levar-nos a pensar que há um Nome-do-Pai que o está sustentando. Mas não estou me referindo ao analista, e sim à analisante. Como procura ter uma proteção do Nome-do-Pai que a sustente, como se estivesse dizendo que não está sozinha. Ou seja, volta do analista uma problemática da analisante, que é essa procura do Nome-do-Pai, duplicada aqui através da sigla e do nome da pessoa.

É interessante que o que diz não é o que de fato acontece. Especialmente quando o que pede são os significantes que procura para colocar-se num conjunto: depressiva/mórbida. Aparentemente o analista não deveria ter dúvidas de colocá-la nesse lugar que seria como sua "identidade": depressiva/mórbida.

O caleidoscópio dos seus semblantes fez com que, na fala do analista, fossem mudando as apreciações a respeito dela. Por exemplo, melancólica-suicida, necrófila, perversa, histérica. Esse último vale a pena. Quer dizer, é o caleidoscópio que diz como ela pode erotizar a morte, como pode erotizar os mortos, como pode erotizar os cemitérios, mas não temos nenhuma tentativa de suicídio. Podemos ver especialmente que ela fala e tem muitas organizações significantes de acolhida. Por exemplo, os romances que ela lê e se introduz neles, fazendo uma espécie de genealogia com os personagens românticos, valentes e não covardes. Vejam que há aí uma questão narcísica, ela como distinta dos outros.

Sobre o relacionamento com os namorados, temos que fazer uma leitura simbólica, e relacionar o que acontece com os cortes com a perda da virgindade. Esse sangue parece como o de uma menina que tem a menarca e um relacionamento conflituoso com sua mãe. Assim, não pode dizer que saiu sangue, a mãe não lhe dá uma acolhida para isso e esse sangue tem que ser ocultado. Temos aí uma maneira de colocar em ato o que acontece com a menstruação. Contudo, ela provoca sangramentos – não se trata só da menstruação – parece mais a perda de sangue próprio da perda da virgindade, em cada um desses cortes. Há muitas leituras possíveis que são escritas no corpo e vão deixando marcas. Como traço identificatório, segundo Lacan, trata-se do traço unário como o que faz o caçador na árvore para marcar cada animal que vai liquidando[62].

Evidentemente, os cortes serão mais ou menos profundos, mas o analista tem a convicção de que são superficiais, nunca são demasiado profundos. Numa melancolia, em vez de falar sobre isso, o sujeito faz. É a passagem ao ato, pois, finalmente, a melancólica consegue, de uma forma ou de outra, chegar a essa morte erotizada. Mas, neste caso, há erotização por todos os lados, menos no lugar propriamente genital. Assim, o sexo fica disperso, e muito especialmente colocado nessa forma de se cortar.

Como traço identificatório, a rejeição recupera o objeto perdido com a marca do traço, mas também temos aí a saída de sangue, que é a colocação em ato, creio, da perda da virgindade.

As *père-versions* [perversões], já que estamos falando em torno do pai, aqui aparecem sustentadas no padrasto e no pai, como duas versões do pai. Por isso assinalei como estava procurando um pai e como o analista falou da instância paterna no início de sua apresentação. Para ele, a instância paterna quer dizer supervisões, o que ele conseguiu compreender sobre o caso. Como costuma acontecer, a ordem simbólica tranquiliza e é sedativa. Para ela, o sedativo foi controlar a versão do pai terrível, que é o padrasto, como o pai da horda, o pai brutal, sem limites. Parece que só pode ser contido pela polícia, como única maneira de deter a violência "enlouquecida" desse homem. Depois aparece o pai. Além de ser o pai biológico ou o substituto, são duas versões do pai que estão presentes. Assim como o analista também teve o pai, isso quer dizer que não se trata da foraclusão do Nome-do-Pai. Inclusive tem um pai dúplice, o pai terrível e o pai tranquilizador, protetor, como diz Freud.

Podemos supor qual é o alvo desses cortes. O analista tem uma idéia muito precisa de que são maneiras de pressionar. Mas temos também o que Lacan apresenta muito bem no *Seminário 11*[63], quando trata da separação. Sobre o suicídio dos adolescentes, temos o exemplo de um jovem que ameaça os pais com a frase que cita Lacan: "eu poderia te faltar". Muitas ameaças dos adolescentes são assim, uma tentativa de esburacamento do Outro – "eu poderia te

62 LACAN, J. *Seminário 11. Os quatro conceitos fundamentais da psicanálise*. Rio de Janeiro: Jorge Zahar, 1979, p.242.

63 LACAN, J. *O Seminário11. Os quatro concertos fundamentais da psicanálise*. Rio de Janeiro: Jorge Zahar, 1979, p. 203.

faltar" – mas o preço, evidentemente, é a morte, ainda que não necessariamente. Por exemplo, um adolescente pode fugir, sair de casa, desaparecer.

Ela se faz rejeitar e, o que é ainda mais lógico, consegue ser rejeitada e repete isso em outros laços além daquele com o padrasto. A expressão "eu posso te faltar" é também indicativo de que existe uma operação de separação. São as operações constitutivas do sujeito – alienação e separação. Aí ela está colocando em ato a separação.

Com a tentativa de esburacar o Outro, pareceria que esse grande Outro idealizado é a mãe, que é exitosa, esbelta e sedutora. Mas, o analista diz que também ela é sedutora. Ela não fica fora do mercado erótico, circula, tem sucesso. Contudo, o recalque recai na questão genital, porque sua genitalização, podemos dizer assim, fica no corpo inteiro, especialmente nos braços. Parece dizer o tempo todo: – *Olhem!* E é exatamente disso que se trata nas sessões, do jogo sedutor com os braços. É quase como uma mulher que poderia deixar, com diz Lacan, o último botão um pouco aberto para mostrar um pouco dos seios para convocar a olhada, dizendo assim que é isso, não mais que isso, só uma pontinha dos seios, para provocar. No caso, isso fica deslocado para os braços. Procura ocultar os braços, mas alguma coisa mostra e convoca a olhada do analista. Está aí um jogo erótico evidente na procura dos cortes.

Poderíamos dizer que os cortes são uma maneira literal de estar clamando por uma castração que normalize a sua vida e a coloque no lado do feminino. Parece ter de multiplicar os cortes, na medida em que o corte não chega. Corte quer dizer finalmente a perda da virgindade. Esse seria verdadeiramente o corte.

"Enche o saco", dizendo *corte, corte,* porque o corte não chega. Não chega por impedimento dela mesma, e por isso tem que falar muito. Tudo está muito falado, o que não permite pensarmos num risco suicida. Especialmente porque não há nenhuma tentativa em si mesma, como acontece na melancolia.

Se há um protofantasma fundamental, parece que é o fantasma edipiano da cena primária, que se dá neste relacionamento brutal, de um coito sádico, de uma maneira violenta, de sua mãe com o padrasto.

Não sabemos o que aconteceu, o porquê do desquite dos pais, mas sim que ela tem essa visão do que acontece no relacionamento dos homens com as mulheres. Daí que tenha que se refugiar diretamente nessa especial rejeição brutal contra o pênis e contra a possibilidade de transar, e que tudo isso seja suprido auto-eroticamente. Ou, de outra forma, o que não faz na realidade aloplástica, ela o faz no seu corpo, de maneira autoplástica. Esse é o ponto, como diz Freud, que faz a diferenciação: é introversão da libido ou é regressão narcísica? No primeiro caso, estamos em presença da neurose, no segundo, da psicose. O que temos aqui é uma preservação de mensagens ao Outro, que está presente através das cartas dos suicidas, com as consequências do suicídio, com essa busca de um personagem e que, em muitos momentos, ela também parece um personagem colocado num romance. Ou seja, é um pouco em redor dela, mas não fica sozinha, ainda que aparentemente esteja sozinha. Isso não tem a ver com os laços empíricos, da realidade, mas vêem que isso não caiu, não é uma queda, ela parece que se identifica com esses personagens.

É uma pena ter interrompido, parece que haveria boas perspectivas para continuar com ela.

Se há introversão libidinal e não regressão narcísica, há também uma atitude para a transferência. Ainda que seja uma transferência com chantagem, porque há sempre essa pressão, tentando que o Outro fique inoculado por ela. É um tipo de transferência inoculatória, como já dizia o analista, que finaliza o encontro com ela e não fica tranquilo. Nesse sentido, ela é invasiva, prossegue nele, o faz trabalhar. Mas isso também quer dizer que o Outro é importante para ela, não está num fechamento narcísico suicida.

Agora gostaria de escutar vocês.

P: Chamou-me a atenção o ponto exposto pelo estagiário de que anteriormente ela foi atendida num consultório e que, neste atendimento, ela diz ter tentado suicídio jogando-se pela janela ou que pensou em fazer isso. Pensei no que você falou sobre a dupla proteção do Nome-do-Pai dado numa instituição. Você pensa que fora desse espaço, no qual há uma dupla proteção da função paterna, poderia ter alguma relação com ela falar que pensou em se jogar pela janela?

RH: Se fosse assim teria que ser sempre necessário ficar num lugar institucional e não num consultório privado.

Eu escutei a maneira que o analista iniciou a apresentação, aí estava em jogo a presença efetiva do Nome-do-Pai que, de alguma forma, garantia o que o analista estava fazendo, ou seja, garantia a vida dela, não era para se suicidar.

O que sublinhava era que ela falava o tempo todo sobre maneiras de morrer, mas não o fazia, não colocava em ato. Então, seguem sendo significantes que pressionam, que servem para fazer toda essa mostração ao que o analista articulou o termo horror. São também significantes para impressionar – enforcada, afogada, atropelada, acidentada, como um imaginário novelesco de um romance. Muito distinto de quando há efetivamente vontade de se matar, como acontece com o melancólico, sabemos, que mesmo internado consegue encontrar alguma maneira de acabar com a vida. Não fala, nem explica, nem dá nenhuma idéia, faz diretamente.

Pela tua pergunta, creio que pensas que ela não poderia ser atendida num consultório privado. Fracassou, é verdade, mas não sei se fracassou por isso ou se foi por alguma questão do terapeuta ou do analista, que era prévia, que não conseguiu sucesso em manter a transferência. Então caiu deste lugar, foi expulso.

P: A necrofilia da paciente que tinha esse gosto pela morte e pelo cemitério me pareceu alguma coisa semelhante aos românticos do século XIX. Pois a possibilidade de realmente se aproximar da morte causaria um pavor total. Ou seja, ela gostava da morte, mas de um jeito muito romântico. Assim, também, essa questão de se apaixonar por alguém que já morreu, por uma lápide. Acho que se tratava de encontrar um nome na lápide – o nome, a fotografia, mas que não era uma pessoa. Com essa não tinha como ter relações sexuais.

RH: Não era o cadáver. E sim marcas significantes, as imagens significantes.

P: Essa parte me interessou.

RH: Veja, não temos inscrição inconsciente da morte. Como ensino basal, não há inscrição inconsciente da vagina e não há inscrição inconsciente da morte. Quando ela fala da morte, do que fala? – Freud reconduz isso, geralmente, referindo-se à castração[64].

Temos, aqui, mais uma vez uma castração que seria normatizadora. O que quer dizer que sua procura de erotização da morte não é a morte empírica. Ninguém morreu para voltar e dizer o que acontece, para que se tenha uma marca psíquica, algo representacional.

---

64 FREUD, S. "Inibições, sintomas e angústia". In: *Obras Completas de Sigmund Freud.* Edição Standard Brasileira. Rio de Janeiro: Imago, 1976, p.153.

Então, pode ser que para ela seja uma condição epocal, identificando-se com uma heroína do século XIX, como se estivesse participando do romance *Werther*, de Goethe, o que seria outra possibilidade de leitura para o caso. Mas isso pode ser um sonho diurno. Podemos supor que ao ler, ela se imagine a heroína, que segue suas atribulações. Todavia, são significantes, o que é uma propriedade histérica.

P: Ou seja, dá uma volta e acaba na histeria?

RH: Creio que sim. Especialmente porque parece que há essa declinação imaginária da castração, como imagem. Os cortes nos braços e todo o relato com o sangue, o que faz e como esconde, é também uma novela, tudo muito plástico.

Percebes bem a questão da lápide, ou seja, toda a questão histriônica que está em jogo quase como romance e teatro. Mas não no sentido falaz, e sim no sentido de estar colocada como uma heroína, uma atriz. Porém, insisto que não esteja mentindo, dizendo ser outra. Em certo sentido sim, isso sai dela vivendo essas outras vidas dos personagens. É interessante, tens razão, porque isso não é como, por exemplo, um personagem da televisão, que seria do século XXI; pelo contrário, parece mais de outro século literalmente. Teríamos que saber o que se passou nas histórias dessa família, nos seus mitos constitutivos, desde os avós e bisavós. Se haveria alguma marca de suicídio ou outras questões mais ou menos traumáticas, de perdas. Fica a pergunta do por que essa questão do século XIX. Evidentemente parece mais uma heroína vitoriana.

P: Ela se colocava muito acima da morte, muito acima...

RH: Por tudo, é muito narcísica. Está dizendo quase diretamente que é distinta, não é como todos os outros. Há um desprezo em jogo, não está presente esse apequenamento do ego próprio da melancolia, da perda da autoestima que diz ser uma merda, de não alcançar os outros, de estar sempre abaixo; e sim totalmente ao contrário. Há um forte traço narcísico aí.

P: Nos últimos anos, apareceu um movimento entre os jovens, que uns chamam de gótico, outros de emo. Eles se vestem de preto, curtem cemitérios, se cortam nos braços, e são em grande proporção. Até cheguei a receber alguns casos na clínica. Eu diria que ela está inserida, me parece, num certo grupo emo ou gótico, que são personagens do século XIX, em certo sentido, e têm esse aspecto de heróis, como você disse do *Werther* de Goethe.

RH: Podemos articular isso com o que estávamos falando das tatuagens, ou de auto-tatuagens que ela se faz, no sentido de que não é só pelo fato de sua pertinência a um grupo, pois sempre estamos a ponto de perguntar o porquê dela pertencer a esse grupo? Se faz massa com esse grupo, que tem caracteres definitórios, nome, "identidade", isso relança a pergunta. Por que essa escolha?

É um grupo e, por isso, segregado dos outros grupos. Há que ter condições e oferecer seu corpo também para pertencer ao grupo. Aqui, paradoxalmente, não é num sentido sacrificial, mas sim de poder alcançar isso que não consegue, pela sua neurose, de maneira aloplástica na sua vida. Finalmente é o homem, esse homem rejeitado e que se faz rejeitar. Fazendo uma interversão do fantasma, o efeito é igual. Pode-se dizer que, se faz rejeitar colocando-se no lugar passivo, pela via ativa. Ativamente se faz rejeitar.

Vejamos como nos exige o diagnóstico diferencial. Nesse sentido, um caso muito interessante. Inclusive como a mesma dúvida em função da própria estrutura, ou seja, pelo caleidoscópio de tudo o que ela pode ser, todos os personagens que pode ser. Pode ser a perversa, pode ser a suicida, pode ser a adolescente e, finalmente, o que estávamos dizendo que é: histérica.

# APRESENTAÇÃO CLÍNICA 12

X: Vou falar de uma paciente que procurou um médico por problemas auditivos, vai fazer uma audiometria e uma prótese auditiva similar ao aparelho que vai usar, e, posteriormente, caso seja desejo da paciente, ela poderá ter um atendimento psicológico.

RH: Então não era uma indicação, e sim somente por sua vontade?

X: Isso é sugerido assim, mas não é algo que tenha de acontecer, depende da paciente.

Então, quando se inicia o atendimento, ela entra na sala do médico e chora. Refere-se à sua surdez de hoje somente como mais um problema. É difícil para ela deixar-se examinar, pois chora muito. Ele pede ajuda para uma fonoaudióloga. Levam-na para outro atendimento em que também chora muito.

Depois, há um atendimento com uma assistente social, no qual também chora, mas consegue dizer que é difícil estar ali, pois agora, além de todos os problemas, também é surda e não acredita que isso possa ajudá-la.

Há outra coisa que a incomoda, e ninguém consegue ajudá-la, pois nem ela mesma sabe o que é.

A assistente social dirigiu-se a mim para falar sobre a paciente. Desde então eu a chamei para uma primeira entrevista.

RH: A assistente social disse algo sobre a surdez?

X: A assistente social disse que ela chorou muito, disse que a surdez é só mais uma coisa que está lhe acontecendo agora, mas já era muito doente, tinha depressão, e gostaria de ter um atendimento.

Ao chegar para a entrevista, diz que é muito engraçado estar ali. Já passou por muitos médicos e agora descobriu que também é surda. Pelo seu exame, tem uma surdez severa nos dois ouvidos. Agora, além da tendinite de há muitos anos e da depressão, também tem a surdez.

Sabe que muita coisa acontece por causa de sua história de vida. Sofre muito, desde criança. Quando criança foi violentada pelo pai durante alguns anos. O pai mantinha relações sexuais com ela. Chora muito ao relatar esse fato. Lembra disso com muito sofrimento, relata que isso doía e ardia. Tem outras irmãs, mas isso não acontecia com as outras meninas da casa. É a filha mais velha.

Esses abusos aconteciam em casa e também na praia. O pai levava os filhos para passear na praia, eram seis, ele a levava para o mar e lá mantinha relações sexuais com ela.

Sobre a época do acontecimento, ela não sabe exatamente, mas diz que é desde pequena. Isso aconteceu até aproximadamente onze ou doze anos, quando começou a ter seios e não permitiu mais, aprendeu a se defender. Daí, quando o pai a procurava, ela corria, empurrava e não deixou mais que isso acontecesse.

Ao ser perguntada sobre quem sabe disso, responde que a mãe soube a vida toda. Que a mãe via alguns episódios e perguntava: – "O que estás fazendo com a guria?" Essa é uma de suas falas constantes. A mãe via, falava isso e saía do ambiente. Aí ele interrompia, e isso era uma situação frequente.

Quando tinha por volta de dezesseis anos, como toda menina, queria sair e namorar, mas o pai não deixava. Ele permitia que as outras irmãs saíssem, mas a ela não. Ela tinha de ficar em casa, pois, como filha mais velha, tinha de ajudar a mãe. Algumas vezes obedecia, mas outras, as irmãs pediam e ela conseguia sair.

Numa situação em que a família estava numa calçada conversando, quando ela olhava alguém passar, o pai lhe dizia para parar de olhar, pois que não era uma vagabunda. Ela refere-se a isso com muita emoção.

Aos dezesseis anos resolve fugir de casa, não suporta mais morar com eles. Resolve sair para poder namorar, poder viver. Arranja um emprego de doméstica numa casa de família. Durante o trabalho, nesta casa, começa a sair à noite, vai a bares, faz algumas amizades e conhece um rapaz. Com ele inicia um namoro e tem a primeira relação sexual. Diz que, para ela, é como se fosse a primeira, pois se considerava virgem. Começa um namoro com o rapaz e engravida. Soube que estava grávida quando a gravidez já estava de dois meses e meio a três. Não teve coragem de falar da gravidez para ele. Ele a tratava muito bem e era muito carinhoso, o homem mais carinhoso que ela teve na vida. Contudo, não teve coragem de falar. Lembra que seu pai dizia que se alguma filha engravidasse não poderia contar com ele, que não queria saber de filha grávida em casa. Então pensou em pedir ajuda para a pessoa para quem trabalhava.

Conversou com esta mulher, contou um pouco de sua vida e a patroa a achou muito nova e, por isso, perguntou se queira interromper a gravidez, pois a ajudaria. Ela decide interromper. Buscou por um médico e não se lembra de nenhuma intervenção física, somente que tomou alguns medicamentos e ficou hospitalizada por um tempo. Lembra de cheiros muito ruins, pelos quais dizia que estava podre, se sentia podre. Tinha que ficar isolada numa área desta clínica. Numa noite, levantou-se, foi ao banheiro e expeliu o feto. Conta que viu membros como braços e pernas, mas que não viu o sexo, mas tinha certeza de que era um menino. Sempre teve muita vontade de ter um filho homem, porque um filho homem sofre menos do que uma menina. Quando viu que o feto era menino ficou muito angustiada e caiu em depressão. Desde os dezessete anos, então, é depressiva.

RH: Nesta interrupção da gravidez, o feto tinha quanto tempo?

X: Entre dois e meio e três meses. Foi também quando ela descobriu que estava grávida, logo depois.

RH: Conseguiu ver o pênis do menino?

X: Não. Ela diz ter visto os braços e pernas.

RH: Então, como sabe que era menino?

X: Diz que, por algo, pressentia que era um menino.

Depois sai da clínica e volta a morar na casa onde trabalhava. Mas não conseguiu mais trabalhar ali. Ficou com raiva da patroa pelo que aconteceu, e procurou sair dessa casa.

O primeiro namorado foi embora da cidade. Eles interromperam o namoro e ele nunca soube que ela teve um filho, que esteve grávida.

Então, começa a envolver-se com outra pessoa porque ele tinha uma boa situação financeira. Poderia sair de onde trabalhava, casar com ele e ter uma família. Ele era proprietário de um comércio.

Ela casa-se com esse homem e tem uma angústia, diz que queria ser mãe novamente e, ao mesmo tempo, tinha muito medo, pois já tinha recusado um filho e, com certeza, um dia seria castigada por Deus.

Casa-se e, depois de um ano, engravida. Ficou feliz por estar grávida, mas quando o filho nasceu e soube que era uma menina, ficou muito decepcionada. Diz que veio outra para sofrer.

Depois que a filha nasceu, pensou em ter outro filho. Declara que como sua mãe queria filhos homens, ela também queria. Sua mãe teve duas filhas e, depois, um filho homem. Pensava em ter outro filho para ver se teria um menino.

Não engravidou mais. Buscou um ginecologista e relata que tem as trompas coladas. O esperma não entra no corpo dela. O fato de ter engravidado desta menina foi um milagre. Isso em decorrência do aborto. A probabilidade de engravidar seria muito pequena. Continuou tendo relações sexuais com o marido, mas nunca mais engravidou.

RH: Tinha orgasmo?

X: Disse que nunca sentiu prazer com esse marido. Na realidade, o primeiro namorado era muito carinhoso e gostava de ter relações com ele.

RH: Não é a mesma coisa.

X: Não diz que sentia orgasmo. Com esse marido diz que nunca sentiu.

Quando perguntada sobre a situação com o pai, silencia e depois diz que doía, ardia e era ruim. Porque ele não era como os outros pais que eram carinhosos, brincavam com as crianças. Com ela, ele não brincava. Sempre havia uma diferença entre ela e os outros irmãos. Com os outros irmãos ele era diferente.

RH: É uma paciente de várias entrevistas?

X: Sim, hoje ela está no divã.

RH: Quando começou?

X: Há seis meses.

RH: Então, tudo isso surgiu no início da análise?

X: Sim, na primeira entrevista ela contou essa situação com o pai e relatou alguns detalhes disso.

RH: E a surdez?

X: Diz que a surdez aconteceu há vinte e cinco anos, quando percebeu que tinha problemas auditivos, mas que não percebia como hoje, porque eram apenas algumas falhas, algumas dificuldades de audição. Não como hoje, que não escuta.

RH: A ti, escuta?

X: Na realidade, acho que escuta muito bem. Porque, no divã, dependendo de algumas intervenções, ela põe a mão no aparelho e o aparelho apita. Aí ela pede para repetir. Mas às vezes eu falo baixo e ela ouve. Aquele exame da sua perda auditiva não condiz, pois ela ouve até um tom de voz muito baixo.

RH: Como se desenvolveram esses seis meses de análise?

X: Ela não paga o atendimento, é "social", e ela nunca faltou. Chega por volta de meia hora antes. Apenas algumas vezes, na sala de espera, algum outro paciente da clínica fala com ela, pois diz ter uma cara muito feia e muito braba.

Um dia conversou com uma pessoa e entrou muito feliz. A pessoa a fez lembrar-se da infância. A pessoa era negra e ela tinha uma família de vizinhos negros, de quem gostava muito. Frequentava a casa e dizia que aquela era uma família de verdade. Também se diz atraída por pessoas negras. Gostaria de, um dia, ter um namorado negro.

RH: Poderias trazer mais alguns dados da transferência, de como escuta? Ela não me parece muito transferenciada, não? Como reage quando falas?

X: Inicialmente falava muito do pai, que a culpa era do pai, que a culpa era da mãe. Todo mundo com quem ela se relacionou, até hoje, fez mal a ela. Mas esse discurso vem mudando. Vem falando que percebe que não tolera algumas coisas, da filha, por exemplo. Algumas coisas que o marido fazia, ela não suportava. Inicialmente era tudo culpa do marido, hoje está separada e ainda diz que a culpa por isso é dele.

Está há oito anos divorciada. O motivo do divórcio foi esse, de não sentir prazer com ele. Ele a tratava mal e ela fazia tudo por ele. Ela arrumava a casa, cuidava da filha e ele não lhe dava valor. E quando à noite procurava por ele, ele não respondia. Quando tinham relação sexual era do tipo "papai-mamãe".

RH: Tem algum namoro agora?

X: Está há um ano e meio sem relacionamento sexual.

Depois que se separou do marido, começou a frequentar alguns bailes da terceira idade e saiu com algumas pessoas, mas tem muito medo de se envolver. Tem medo de sofrer de novo. Prefere ficar em casa sozinha com a filha.

Diz que se masturba frequentemente e conta um sonho no qual tem um relacionamento muito bom com um homem e depois fica com o pênis dele. O pênis dele fica na vagina e ele começa a sangrar. Ele pergunta para ela: – Por que você fez isso? Ela responde: – Não briga comigo, foi muito bom, eu não queria te machucar. Acordou angustiada, foi bom, mas se angustiou porque não queria ter ficado com o pênis dele.

## COMENTÁRIOS DE ROBERTO HARARI

RH: Poderíamos começar por um ato falho da analista, que foi claramente uma abertura/fechamento. Estava por dizer similar e saiu simular, não sei se conseguiram escutar. Quase já era um diagnóstico. O final termina significando o início.

Como disse, a surdez não é o tema fundamental e a analisante é consciente disso. Se poderia dizer que é quase uma problemática com todos os lugares comuns da histeria. Violada pelo pai, aproveitada por ele, estuprada. Mas, creio que, como demonstrou Freud e depois Lacan, nos *Seminários* iniciais, o incesto é com a mãe. Não é com a figura do pai. A procura é sempre voltar para dentro da mãe. Podemos escutar o momento em que isso acontece, quando o pai diz que tem que ficar com a mãe e não deve sair, como saem os irmãos. Sempre é exceção, esse é um ponto narcísico importante para essa mulher, ficar sempre como a mais velha, a que menos saiu do círculo e do desejo da mãe. Ainda que fale do pai, contudo seria um erro considerar assim, pois lembrem como Freud inicia o texto da *Sexualidade Feminina*[65], falando do quanto se investe na mãe e a dificuldade de sair desse investimento libidinal. É isso que está em jogo.

Também Freud, neste mesmo texto, comenta sobre a queixa da mulher contra a mãe, por ter recebido dela um corpo distinto do que desejaria. É isso que ela apresenta com esse sonho e, assim, pareceu-me um bom momento de terminar a apresentação. Esse sonho dá conta precisamente dessa procura do falo que é o seu complexo de masculinidade, nos termos de Freud. Isso fez com que essa mulher, como mulher, tenha tido um percurso dificultoso.

65 FREUD, S. "Sexualidade Feminina". In: *Obras Completas de Sigmund Freud.* Edição Standard Brasileira. Rio de Janeiro: Imago, 1976. Vol. XXI, p. 259-79.

A saída através do filho também é muito restrita, no sentido de que essa equação falo-criança, que a faz procurar o tempo todo esse filho que ela diz ter tido, parece um momento de ilusão, de alucinação. Alucinação não quer dizer psicose. Estou dizendo da possibilidade de alucinações histéricas. Por isso perguntei como viu os membros do feto, essa maneira especial de ver um corpo finalizado aproximadamente aos três meses de gestação. Podemos chamar isso de ilusão, propriamente. Ilusão, alucinação, alguma coisa aconteceu, mas sempre há a procura de um filho com pênis. É a procura de um pênis, quase literal, como aparece no sonho final que era diretamente tirar o pênis do homem e ter para ela.

Se aconteceu ou não o incesto com o pai? – Não sei. Mas, nossa pergunta como psicanalistas é: qual é a tua parte nisto? Além de podermos dizer que se tratava de uma criança indefesa, muito pequena diante do adulto que era o pai, há esse lugar de exceção que ela reclama para si o tempo todo; esses jogos especiais que as outras irmãs não tinham, somente ela, a sedução de sua parte para o pai, nesse lugar único e especial. Pode haver ardência, dor, o que seja, mas alguma coisa aconteceu para ter essa anestesia genital permanente.

Vamos tomar a questão da masturbação. De alguma forma se pode dizer que seus relacionamentos são masturbatórios. A arquetipicidade de seus relacionamentos, ainda que pareçam heterossexuais, sempre têm uma procura de tirar o pênis do homem. Então, que tipo de laço é esse com os homens? Um era muito bom, mas foi embora. O outro parece estar numa lógica capitalista, era bom para ela, era um bom relacionamento, mas esse casamento também explodiu. O que recebia não correspondia ao valor do que dava.

E essa idéia de que as mulheres sempre são o pior? Aí está o seu limite histérico, muito perto da paranóia, como diz Freud, com reivindicações, sempre à procura da justiça, de se colocar no lugar da vítima, de demandar reclamações, cobranças, acusações, queixas, que o mundo foi injusto com ela e não lhe deu o que desejava.

Então aparece a questão com referência ao pai. A psicanálise tem demonstrado que muitas das acusações contra o pai são verdadeiramente contra a mãe. Freud disse também que muitas das brigas com a mãe são deslocadas depois para o casal, como acontece com ela, relativo ao pai de seu filho.

Freud coloca que o ponto final re-significa o início. Refiro-me ao sonho relatado pela analista. Podemos dizer que a sua vida sexual é a masturbação.

Sua vida sexual dá uma idéia de como são seus relacionamentos, em função de um fantasma que sai nestas masturbações e está no limite entre o pênis e o filho como equivalente fálico.

Há uma forte transferência, o que fala bem de uma possibilidade de continuar a análise. Inclusive pensei no fato dela chegar trinta minutos antes, quase como para ter um lugar de pertencimento, uma família, como procurar ter aí um lugar que não tem em casa.

Insistindo nessa linha de que o final re-significa o início, ela reproduz, com a filha, o que é de seu fantasma mãe-filha, dando a entender que sobre o que se joga nesse relacionamento, não há nada que possa fazer. Mas, o que parece uma resignação sem alternativa, é efetivamente a realização de seu fantasma. É voltar a dizer: O que pode ser melhor para uma filha do que ficar com a mãe?

Creio que a simulação, como saiu no ato falho da analista, no sentido histérico, como se dizia antes de Freud, que as histéricas "mentem" e, de maneira histriônica, preenchem tudo isto com cenas. É interessante a dominância cênica do relato da analista marcando uma prevalência escópica, da olhada, do teatro, esse não no sentido de falsidade, mas de montagem de cenas. São todas cenas, palavras que descrevem cenas, uma atrás das outras. As frases que aparecem são típicas e sempre em função de cenas. Não estão isoladas ao modo de um sintagma sozinho.

Quando ela era doméstica, essa mulher, como substituta da mãe, também ia dar-lhe o que pede, aparentemente dinheiro, na equação fálica: pênis – dinheiro – criança. Mas a criança não saiu como supostamente seria sua consolação, um menino. Como não saiu menino, ou saiu menino, mas tampouco era isso, porque não se trata do pênis, então também briga com essa mulher. Não conseguiu ter o menino, era um menino, mas finalmente morreu. Era menino nessa visão alucinatória, ou podemos dizer ilusão.

Como modalidade do desejo, não há dúvida de que se trata de desejo insatisfeito, que é a modalidade histérica do desejo; não é evitativo, não é impossível, é um desejo de manter o desejo enquanto insatisfeito, o que consegue muito bem.

Para ela, os outros não têm as soluções. Aparece um Outro especial que é a analista. O ponto crucial é um momento em que "tenha" que brigar com a analista, fazer cobranças, reivindicações, demandas, marcar sua insatisfação com a analista. Temos que considerar se é possível manter uma análise nessas circunstâncias, na medida em que ela tem esse esquematismo masturbador.

Sobre a suposta surdez eventual, a analista percebeu muito bem que é uma questão seletiva, parece mais um sintoma histérico. Evidentemente essa dominância do escópico quer dizer que o lado auditivo está mais fechado, não quer ouvir muito. Isso tem a ver com sua retração libidinal de ficar sozinha com a filha e, assim, realizar esse antigo fantasma de ligação com a mãe, de vínculo com a mãe que a menina tem, como diz Freud.

É importante a maneira como, podemos dizer, ela cai na análise. Efetivamente cai, não tem muitas dúvidas de que necessite disso. Chama a atenção que a analista não disse se houve alguma prévia intervenção "psi". Aparentemente é a primeira. Tomando como *corpus* o que a analista disse, parece que é a primeira vez na sua vida que fala dela, é essa sua necessidade, não tanto de escutar, mas de dizer. Isso é o que parece não ter tido ocasião na vida, ou seja, de procurar um lugar para dizer, e isso é o mais importante que consegue na análise. Até agora temos esse dizer mais do que escutar, por isso está presente esta "escuta sem escutar", nessa maneira seletiva.

Um segundo ato falho da analista aparece quando refere que não precisava do rapaz, para dizer de sua gravidez e, finalmente, depois a analista corrigiu e disse que não poderia contar com ele. É totalmente ao contrário, se não precisava não podia contar com ele. É distinto precisar, ainda que o outro diga que é impossível.

A atualidade disso provavelmente seja o que acontece na transferência, nessa duplicidade entre não precisar e ser surda, ou seja, diz que não pode contar com ele, ou com ela na transferência, na medida em que ele não vai prover o falo que ela está negando. Creio que estas são as duas caras possíveis da transferência. Então, aparentemente precisa, mas precisa também falar com outros, não somente do que vai dizer para a analista, precisa também das falas de fora.

Não poder contar com os outros, praticamente, é um alvo que sai do fantasma masturbador. Não é que não possa contar com os outros, mas que não quer contar com os outros. Consegue nela mesma essa satisfação autoerótica, por isso todas as racionalizações para ficar divorciada e, finalmente, sozinha com a filha.

Agora escuto vocês.

P: Ouvindo o relato da analista, me chamou muito a atenção a paciente e o pai, sendo que a mãe não existia neste momento. E quando você fala de uma relação incestuosa dessa paciente com a mãe, não seria porque parece que ela está muito grudada na mãe? Por exemplo, ela é que transava com o pai, mas quem era para transar com o pai era a mãe. Ou seja, ela e a mãe aparecem muito misturadas no relato da analista. Ela tinha que ajudar a mãe, ela tinha que ficar com a mãe, ou seja, ela no lugar da mãe, a mãe no lugar dela. Eu escutava como algo muito simbiótico, não sei. Na medida em que ela ia falando aparece não a imagem de um triângulo, mas a imagem de uma relação dual, faltando o terceiro ponto.

Pensando nas intervenções da analista, não seria de incluir um pouco a mãe, para começar a criar um espaço entre ela e a mãe nessa análise, como um terceiro elemento? Uma vez que parece não haver muita distinção entre elas?

RH: O que quer dizer incluir?

P: Incluir através da fala mesmo, pois parece que ela não fala da mãe. É o relato referente ao pai e a ela. Ela no lugar dessa mãe. Será que se poderia pensar alguma coisa nesse sentido para constituir um triângulo e desgrudá-la da mãe?

RH: Em geral o relato histérico, assim foi com Freud aos inícios, refere o pai, o avô, o tio, sempre como brutais, poderosos, com domínio, aparentemente super fálicos, mas o interessante é que finalmente são pais impotentes. Parecem fálicos os lugares dos pais das histéricas de Freud, mas, em geral, ficam doentes, ficam a ponto de morrer. Esse é o fantasma, de um pai que parece tão poderoso e é impotente. Creio que estás dizendo isso. Então parece o pai do Totem e Tabu, brutal, o pai que tem todas as possibilidades, a mãe, o filho, mas verdadeiramente é um pai impotente. É um pai literalmente castrado como esse que surge no final – sem pênis. Por isso, no conteúdo manifesto temos um super pai. Mas evidentemente, esse lugar da mãe quase diz que ela entregava a filha para o pai.

Eu não diria tratar-se de uma relação simbiótica, porque na simbiose trata-se de dois distintos que fazem junção para formar um terceiro elemento;isso é assim na biologia. Aqui temos o que Lacan chama de triângulo pré-edípico, ou seja, a mãe, a filha e o falo. Falta mais um que é o lugar do pai.

P: Seria de incluir aí, na continuação do tratamento, um terceiro elemento?

RH: Eu diria que é um quarto elemento, então.

P: Eu lembrei do fato de que antes da paciente ter fechado os ouvidos, ela fechou as trompas. Ela recusou a alternativa do filho homem, fechou as trompas e, frequentemente, fecha os ouvidos. Mas, o que eu estranho é que ela abre a boca com muita facilidade, ela demanda análise. Parece que é uma paciente assim, fácil, chega antes, fala...

RH: Vamos ver o que acontece com os ouvidos. Não é a mesma coisa, pois o fato de falar pode ser uma questão mais catártica. E seis meses não é muito tempo para pensar numa modificação possível em uma análise. Então, pode ser um momento inicial, essa lua-de-mel que acontece nos inícios das análises. Este é o tempo de duração de muitas psicoterapias: seis a oito meses. Ou seja, o quanto tem nisso, até agora, de instalação da transferência, já que a transferência não é só falar, mas também ouvir. Como diz Lacan, temos que considerar aí o simbólico do termo transferência. Mas você tem razão no que diz sobre as trompas, o caminho do filho fica fechado. O sonho diz, de forma transparente, o que ela quer ter.

# EPÍLOGO DO AUTOR

O livro que o leitor acaba de concluir não é frequente em psicanálise; com efeito, "lançar" debates e discussões clínicas de modo sustentado e sem impor diretrizes absolutas por parte do autor não é coisa de todos os dias. Confesso que ser responsável por esse fato me enche de satisfação, além da pertinência, ou não, do que tratei de sustentar a respeito de cada um dos doze casos selecionados, a cujo respeito só posso ter palavras de agradecimento para todos os que, na Maiêutica Florianópolis, contribuíram para a experiência, em particular para Tânia Mascarello, que conseguiu uma organização coerente, homogênea e inteligente do material apresentado, pelo qual lhe expresso, assim, minha mais sincera e carinhosa gratidão.

Deu-me também uma grande satisfação o fato de tomar consciência do nível e do grau de participação do público, dado que os integrantes da experiência conseguiram intervir com pertinência, sem rodeios nem inibições, apresentando, inclusive, em algumas ocasiões, pontos de vista divergentes dos sustentados por este autor. E relendo o conjunto, retomo a impressão inicial de Freud a respeito de seus historiais: parecem capítulos de romances ou contos, por onde "passa" muito da cotidianidade da posição subjetiva com a qual tratamos diariamente em psicanálise. Surpresas, saídas imprevistas, proposições de entrada inverossímeis, jogadas não ocultas, mas manifestadas de maneira direta, fragmentos, em suma, onde se jogam os avatares das histórias – pelo menos parciais – de amores de transferência.

O conjunto dá conta, em suma, da imprescritível condição do falante: justamente a de procurar um espaço privilegiado para falar, para se fazer escutar e para escutar, por sua vez, algo completamente novo a respeito de sua vida, a qual, assim, mediante a cura psicanalítica, encontrará as condições para as mudanças de seus gozos, em geral sofredores e parasitários até esse momento. Aí se inscrevem e disso são tributárias, então, as páginas aqui concluídas.

Este livro foi impresso nas oficinas gráficas da Editora Vozes Ltda.,
Rua Frei Luís, 100 – Petrópolis, RJ.